心を発見する心の発達

板倉昭二

学術選書 028
心の宇宙 5
京都大学学術出版会
KYOTO UNIVERSITY PRESS

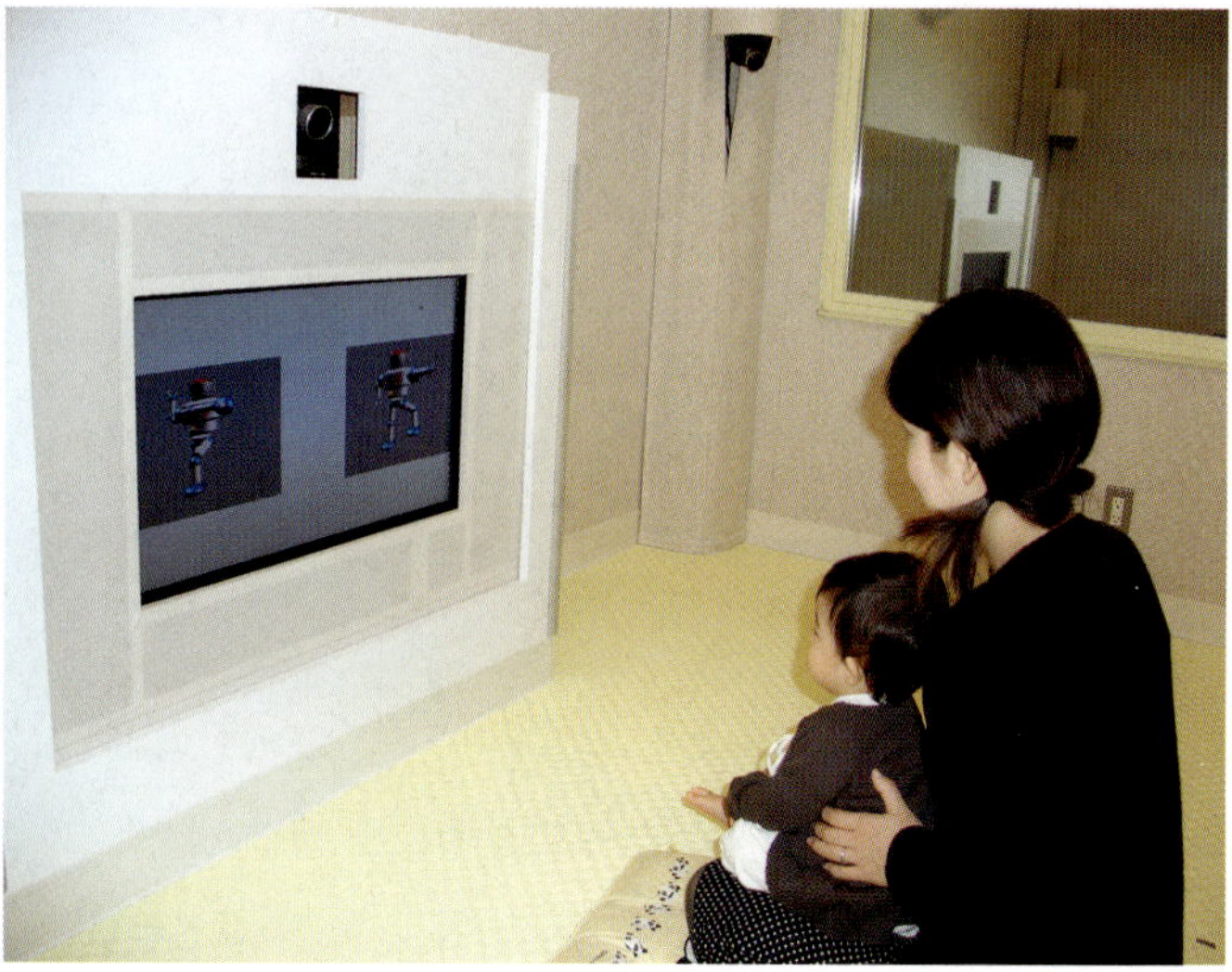

口絵1●選好注視法による赤ちゃんの実験場面（撮影　小森伸子）

口絵2●レプリー（Repleii）R1（右）とモデルになった女児（左）
大阪大学工学研究科の石黒研究室と株式会社ココロの共同制作による子ども型アンドロイド。モデルとなったのは、石黒教授のお嬢さんである。（大阪大学工学研究科石黒研究室および株式会社ココロ提供）

口絵3●レプリー（Repleii）Q2
大阪大学工学研究科の石黒研究室と株式会社ココロの共同制作による成人型アンドロイド。「考える目」実験に使用された（第3章）
（大阪大学工学研究科石黒研究室および株式会社ココロ提供）

口絵4●石器を使うチンパンジーの母親とそれをのぞき込む1歳の子ども。西アフリカのボッソウにて。（撮影：野上悦子）

まえがき

人に心があるのは当然である、かどうかはわからないが、少なくとも私たちはそう考える。では動物には心があるだろうか。そう考える人ももちろんいる。私もその一人である。さらには、植物にも心があると主張する人もいる。ずいぶん前だったが、植物に毎日毎日優しく暖かいことばをかけてあげると、成長が促進されるというような話を聞いたことがある。それが本当であるかどうかは僕には判断できない。このようなことを論じるためには、まず「心」を定義することが必要であろう。しかしながら、心を定義するのはそれほど容易いことではない。とりあえず、心の細かな定義は置いておいて、次に進もう。少なくとも、私たちは、心とは何かという深遠な問題を考える前に心ということばを日常的に使っている。大人だけではなく、ある年齢を過ぎると子どもも、心ということばや、心に関連するようなことばを使うようになる。

それでは、私たちは「何」に心を見出すのだろうか。また、それはいつ頃からなのだろうか。このことはどうやって調べればいいのだろうか。近年の発達心理学は、実に巧妙な方法で、われわれに赤ちゃんの心を覗き見ることを可能にした。赤ちゃんの物理的世界の認識、そして社会的世界の認識について膨大な報告がなされるようになった。他者の心の理解を含む研究分野は、社会的認知と呼ばれる。心の理論も大きくいうとそこに含まれるかもしれない。最近では、私も好んでよく使うが、メンタライジング（対象に心的状態を認めること）と呼ばれたりもする。このような問題を内包して、赤ちゃん研究はスタートする。初期の社会的認知の発達から、共同注意の成立を経て、後の心の理論の獲得に至る。心の理論の獲得は決してゴールではない。さらにその後の、入れ子構造的な心の理論や、皮肉の理解など、より高次の社会的認知の成立へと導かれていく。

さて、私たちの身体やその形態は、長い長い進化の過程を経て創られてきた。つまり、それは進化の産物である。人間の肉体が進化の産物であるなら、人間の心も進化の産物と考えてはいけない理由はない。つまり、メンタライジングも当然進化の産物だということになる。これまでの他の研究結果から類推すると、ヒトに近縁な類人猿にもその萌芽が見られるはずである。その進化的起源はどこにあるのだろうか。たとえば、視線について考えてみよう。視線は、社会的シグナルとしてきわめて重要である。「目は心の窓」などと言われるが、私たちは視線から心の状態を読み取ることも時としては可能である。他者の注意がどこに向かっているか、意図がどこにあるか、さまざまな文脈の中で理解することができる。こうした視線理解の能力は、どのような進化のプロセスをたどったのであろうか。これも私の興味の一つである。

さらに、メンタライジングは、何に対しておこなわれるのか、ということも私にとっては大変興味深い問題である。この疑問については先にも述べた。最近のロボット工学の進展には目覚しいものがあることは、新聞やインターネットを見れば明白である。あちらこちらで新しいロボットが誕生したとの話題には事欠かない。このような時代に生まれた子どもたちは、ロボットをどのように見るのだろうか。どのようなインタラクションを取るのだろうか。私たちは、確かに新しい時代が到来しているのを感じることができる。子どもたちのために、より良い社会的環境を整えるためには、子どもがどのようにロボットを認識するのかをあらかじめ知っておき、その知見をもとにしてロボットを創り出すことが肝要であろう。私は、このような領域を「ディヴェロップメンタル・サイバネティクス（Developmental Cybernetics）」として提唱したいと思う。これについては最後の章で簡単に触れることにする。

さて、図1を見ていただきたい。これは、私が現在進めている研究対象のスキーマである。ヒトの赤ちゃん、ヒト以外の霊長類、そしてロボットを対象に、特に社会的認知をおもなトピックとして研究をおこなっている。心の発達やその作用、それを推進するためのメカニズムなども含まれる。ここでいう心とは人と人の相互作用の中で現れ出ずるものである。つまり、子どもの心の発達を、他者に心を発見していくプロセスとしてとらえ、それを記述することが私の現在のおもな関心である。本書

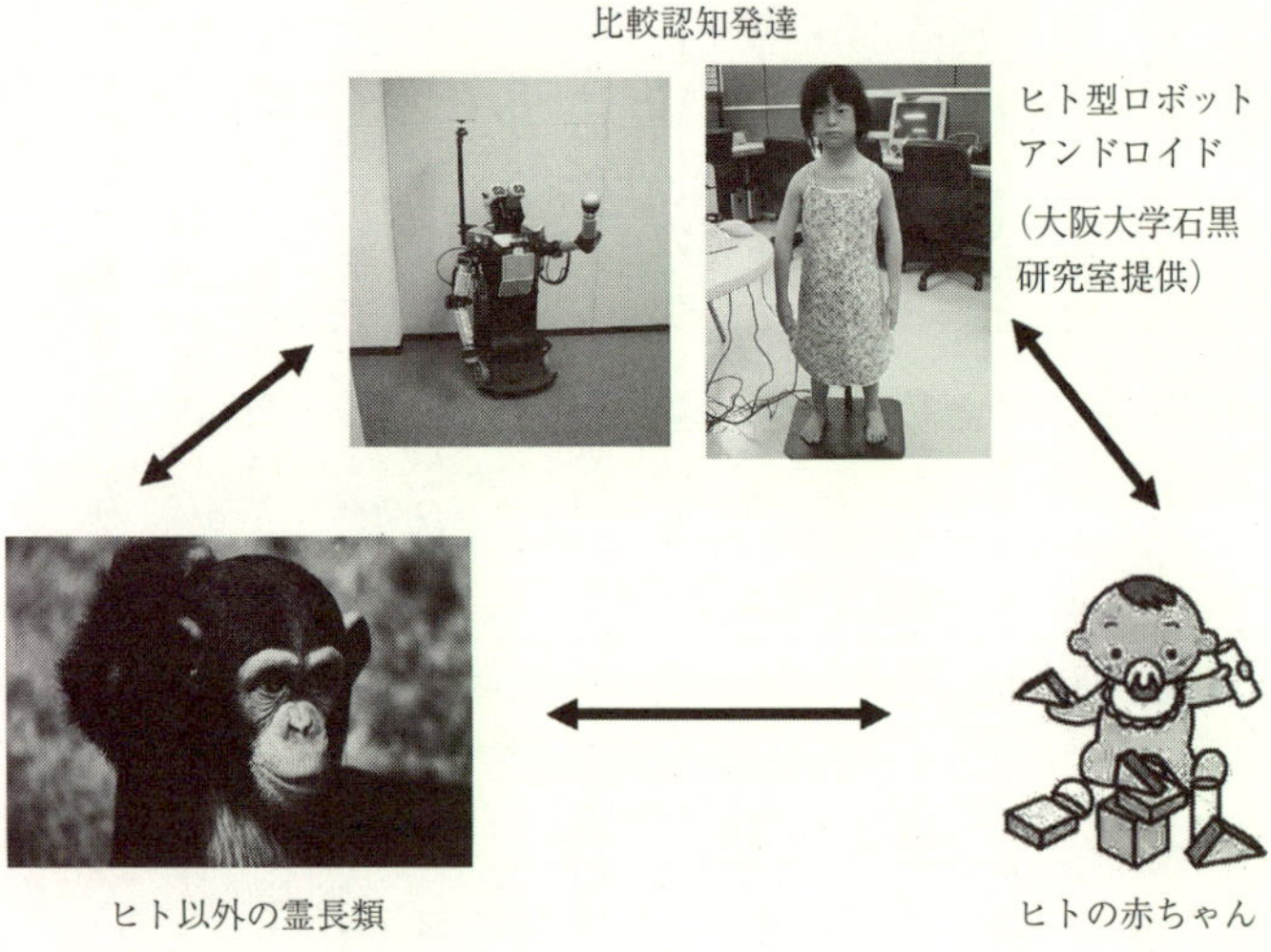
比較認知発達
ヒト型ロボット
アンドロイド
(大阪大学石黒
研究室提供)
ヒト以外の霊長類
ヒトの赤ちゃん

図1●研究のスキーマ

では、ヒトが心と呼ぶものをどのように他者に見出していくのか、そうした心の成り立ちを論じたつもりである。

心を発見する心の発達◉目　次

心を発見する心の発達

第1章……………心の成り立ち

1 赤ちゃん研究の進展

ここ数年来、俄然赤ちゃんの研究が注目されるようになった気がする。テレビでも赤ちゃんの発達や子育てを取り上げた番組がたくさん制作されているし、書店には育児や保育関係の本が溢れている。私の研究室にも、新聞の取材が数多くやってきた。私の所属する「日本赤ちゃん学会」の会員も年々増えており、すでに千人を越えた。二〇〇四年度の学術総会は、私が大会長を務め、京都で開催されたが、四〇〇人以上の参加者があった。一般の方の参加も多数あった。そして、それに伴うさまざまな活動も多くなった。赤ちゃん学会と産経新聞社が中心になって、年に一回、海外の第一線の研究者を招いて、東京と大阪で国際シンポジウムを開催し、一般の方々の参加も広く呼びかけるという研究者と一般の方とをつなぐ試みもなされるようになった。最先端の科学で得られた赤ちゃんやその発達に関する知見を、多くの人々に還元しようというのもこうした活動の目的の一つである。

では、なぜこのように赤ちゃん研究が注目されるようになったのであろうか。それは、赤ちゃん研究自体の進歩と大いに関係がある。赤ちゃんの能力がわれわれの想像以上であることがわかってきたのは、ここ三〇年ほどのことである。赤ちゃんは実に豊かな世界に生きていることが、科学的な手法を使って実証されてきた。実はこうした科学的事実が、さらに赤ちゃん研究に拍車をかけることになったのである。赤ちゃんの初期の能力が想像以上に豊かであることがわかると、勢い、赤ちゃんの教育についての議論が活発になる。早期教育がいいとかさらには胎教が重要だとか、発達とメディアの関連はどうなのか、といった具合である。しかしながら、こうした議論には、それ自体が直接的な科学的根拠に基づいていないものが多々ある。赤ちゃんのために、どのような環境を準備してあげればよいのかを考えるには、まだまだ客観的な事実が必要なのである。今、再び、赤ちゃんについて科学的手法に基づいた事実を明らかにし、こうした問題を再考する時期にきているのではないかと考える。また、研究方法の進展が赤ちゃん研究の盛り上がりに与えた影響も小さくない。赤ちゃんは、当然ながら、ことばをあやつることができないし、大人の言うこともすべて理解できるわけではない。したがって、赤ちゃんを研究対象とするには、観察が一番の方法だった時代が長かった。しかしながら、三〇年以上前に、赤ちゃんの、刺激に対する注視時間を測定する方法により、赤ちゃんの認知世界を垣間見ることができるようになってから、赤ちゃん研究が劇的に進歩した。赤ちゃんの注視時間の測定には具体的に二つの方法がある。一つは、選好注視法（Preferential Looking Method）、もう一つは馴化法（Habituation Method）である。選好注視法は、二つのスクリーンに、異なる刺激を呈示して、それぞれの刺激に対する注視時間を計測する。もし、赤ちゃんが二つの刺激を区別していれば、注視時間に差がみられるはずである。赤ちゃんは、自分の見たい刺激を長く見るのである。一方、馴化法は、同じ刺激を繰り返し呈示して、赤ちゃんの注視時間を計り、その刺激に対して十分に馴化した（慣れた）ところで、新しい刺激を呈示するものである。もし、赤ちゃんが十分に馴化された刺激と、新しく呈示された刺激を区別しているのであれば、いったん短くなった注視時間が長くなる。これを脱馴化という。こうした研究から、赤ちゃんでは、新奇な刺激に対する注視時間が長くなったり、自分の予期しないことが起こった場合に注視時間が長くなったりすることがわかった。これまで、これらの方法を用いて膨大な研究がおこなわれ、赤ちゃんの心の世界を、以前よりもずっと深く探ることができるようになった。

さらに脳科学の進歩により、われわれは、赤ちゃんの脳の構造や機能について、多くのことを知ることができるようになった。ある現象や事象を説明するためには、構造の解明は必要条件ではあるが、機能の解明がなければ、十分ではない。これまでは、脳の解剖学的な所見や大まかな皮質の電気的活動の計測によって、赤ちゃんの脳の機能を類推するよりほかに方法がなかった。しかしながら近年では、電気生理学的方法やニューロイメージングを用いて、非侵襲的に、赤ちゃんの中枢神経系の機能をも調べることが可能である。これらの方法について簡単に説明しておこう。

電気生理学的方法では、皮膚の事象関連電位（ERP：event-related potential）を計測するものが代表的である。この方法により、たとえば、健常の六ヶ月児とダウン症の六ヶ月児の脳活動を比較し、同じ視覚刺激に対する脳活動に違いがあることが見出された[1]。視覚刺激や聴覚刺激が被験者に提示されたとき、微少ではあるが一貫した電気的な変化が脳の中で起こる。この電気的な変化を、頭部の適切な領域に装着した電極を通じて記録するのが、このERPの具体的な方法である。これは、脳の活動がいつ生起したかを調べるために使われる。

一方、ニューロイメージングは、脳のどこが活動したかを確かめるものである。この方法は、たとえば、ある音を聴いた赤ちゃんの脳で、言語野や聴覚野が活動しているかどうかを調べる研究などに活かされている。どの部位が活動しているかを見るために使われている手法には、主として次の二つがある。機能的MRI（fMRI：functional magnetic resonance imaging：）および近赤外光トポグラフィー（near infra-red light spectroscopic topography）である。fMRIは、さまざまな角度から脳断面の酸素消費量の変化をスキャンすることで、局所的な血行動態変化を計測するものである。近赤外光トポグラフィーは、生体透過性の高い八〇〇ナノメートル近傍の赤外光を用いて、血行動態変化を計測する。赤ちゃんの言語音の弁別を脳活動により調べたペナらは、この近赤外光トポグラフィーを用いていた。彼らが、生後五日以内の新生児に、⑴通常の会話音、⑵その会話の逆回し、⑶刺激なし、の三つの刺激を聞かせ、そのときの脳活動を計測した結果、言語音を聞かされた場合に、大人の言語野・聴覚野に当たる部位が活動したことが、記録されたのである。これによって、誕生直後の新生児が、言語音をその他の音から区別している可能性が示された[2]。このように、近年開発された非侵襲的な方法を利用し、赤ちゃんの脳の機能を計測することを通じて赤ちゃんの心の世界を探ろうとする動きが高まっている。

赤ちゃん研究に参画してきたのは、脳科学者ばかりではない。ロボット工学者も、認知発達ロボティクスという新しい視点から、赤ちゃん研究に貢献できる道を模索している。たとえば、大阪大学の浅田研究室では、人の養育者によって、ロボットに簡単な言語音（アイウエオなど）を学習させた。また、進化生物学の視点からは、ヒト以外の動物の発達とヒトの発達を比較し、発達の進化を検討するという試みがおこなわれている。このような領域を私たちは、比較認知発達科学と呼ぶ。赤ちゃんを対象にして、以上述べてきたようないろいろな分野が有機的な融合を目指す研究は、今まさに途についたばかりであり、今後大きな成果が期待できると信じて疑わない。

2 なぜ赤ちゃん研究か

赤ちゃんの笑顔を見て、思わず微笑んでしまう人は少なくないのではないだろうか。愛くるしい表情でこちらに向かって笑いかけてくる。特に親にとっては、その笑顔は何ものにも代えがたいものであろう。人間における乳児期の重要性は、すでにプラトンの時代から想像されていたが、赤ちゃんを科学的に観察することや、理論的に赤ちゃんへの想いをめぐらすようになったのは、二〇世紀初頭になってからのことであるという。そして、二〇世紀の半ばになってやっと生物学的にも行動学的にも、社会科学的にも、乳児期の存在は注目されるようになった。そして、前述のように、近年の赤ちゃん研究の発展によって乳児の世界の豊かさが知られるようになり教育という視点や子育てという観点から、赤ちゃん研究はますます注目されるようになった。

乳児期というのは、大雑把にいうと、生後およそ一年半から二年くらいまでの期間をさす。ということは、その期間は人間の平均寿命のわずか二％にも満たないほどである。なぜ、このように短い期間であるにもかかわらず、この時期に多大な注意が向けられるようになったのであろうか。

一つめは、根源的な問いかけであろう。哲学的問いかけといってもいいかもしれない。赤ちゃんを研究することは、人間自身を理解することに他ならない。人間はどの程度、遺伝的な影響のもとにあるのか。経験によってどのように変わりゆくのか。こういった根源的な問題を考える上で、乳児期は大変重要になる。すなわち、赤ちゃんは人の起源として捉えられる。哲学者や科学者は、こうした問題に対して熟考を重ねてきた。二つめは、親の養育の問題である。乳児期を乗り越えて生存させ、社会化させ、より良く生きられるように教育をする。親はそのような使命を帯びている。そのためには、赤ちゃんは何が見えているのか、何が聴こえるのか、何を感じるのか、何を理解しているのか、といった素朴な事実を養育者がより良く知ることが必要である。三つめは、社会的な要請の問題である。社会的、医学的、生物学的な問題を緊急に解決しなければならない状況が存在する。たとえば過去においては、乳児死亡率がさまざまな技術の進歩により劇的に改善された経緯がある。これも乳児を対象とした研究により、達成されたことである。また、今日においては、子どもの問題は多様化し、その早急な解決が社会的に要請されている問題も多発している。赤ちゃん研究は、そうした問題に乳児期がどのように関わるのかを明らかにしなければならない。

3 赤ちゃんの社会的認知の世界

前節でも述べたが、赤ちゃんの初期の能力は、われわれの想像以上に豊かなものである。それは、物理的世界のみならず、自己の認識や対人関係の理解を含む彼らの社会的世界においても、同様である。つまり、たとえ生まれたばかりの赤ちゃんでも、社会的知覚の原初的なものは十分に認められることが知られているのである。たとえば新生児は、ダイナミックな音刺激に対する高い感受性を持っており、特にヒトの音声の方向を容易に定位することができる。それどころか、お母さんの声と見知らぬ女性の声とを区別し、お母さんの声を聴くために、サッキングのパターンを変化させたりすることが実験的分析によって明らかになっている。また、一般に、新生児は、かなり制限された視力しかないことがわかっているが、生後すぐに顔のように見える単純な刺激（スキーマティック・フェイス）を、同じ目や口の要素図形で構成されたごちゃ混ぜの刺激（スクランブル・フェイス）よりもよく追視することが、ジョンソンとモートンによって報告されている。[3] 生後四日の赤ちゃんであっても、母親の顔と見知らぬ人の顔を並べて呈示すると、母親の顔のほうを長く見るらしい。[4]

さて、新生児期のもっとも有名な現象としては、新生児模倣が挙げられる。これは、メルツォフとムーア[5]によって発見されたあまりにも有名な現象である。誕生間もない赤ちゃんが、大人の顔の動きを模倣する。赤ちゃんに対面した大人が、赤ちゃんに向かって舌を出せば、それを見ている赤ちゃんも同じように舌を出す。舌出しに限らず、口を開けたり、口を窄めたり、瞬きをしたり、はたまた指の動きをまねしたりなど、新生児模倣は広くいろいろな範囲の動作にも見られるということである。

さらに、それだけにとどまらず、新生児は、喜び（happy）や悲しみ（sad）、そして驚き（surprise）と

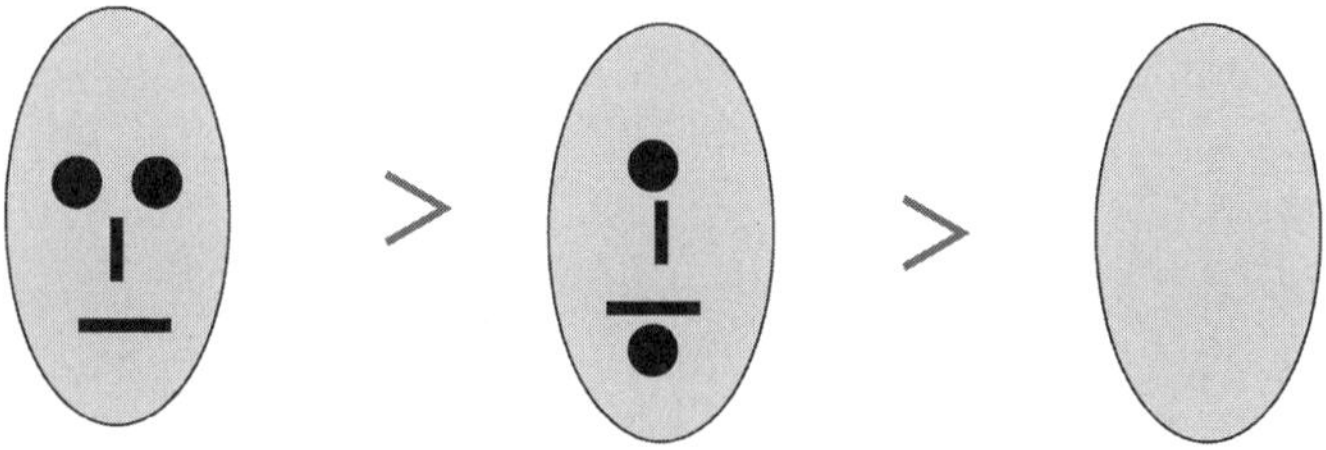

図1－1●ジョンソンらが用いた刺激の類似図形

いったような情動的な表情をもまねをする。このような報告には異論のある研究者もおり、まだまだ議論の余地はありそうだが、いずれにしても、誕生直後の赤ちゃんであっても、大人の表情の変化に気づき、それに応じて自分も表情を変えるというのだから驚きである。

大雑把にいうと、ヒトが他者の心を見出すことの起源は、どうやらこのあたりにありそうだが、新生児期では、まだまだそれは微妙なものである。

4 社会的随伴性の知覚

赤ちゃんの初期発達にはもちろんいろいろな事象が含まれるが、ここでは特に社会的随伴性（social contingency）に対する感受性の発達について取り上げよう。新生児期を過ぎた赤ちゃんは、単に大人の顔と声を識別するというだけではない。そこに内包されている社会的なメッセージをも理解しているように見受けられる。赤ちゃんとお母さんのやりとりを見ていると、面白いことに気がつく。お母さんが笑えば赤ちゃんも笑い、赤ちゃんが声を発すると、お母さんも呼応して、声を出す。こうしたやりとりは、双方向のものであり、赤ちゃんもお母さんも、お互いに、志向する目標の交換や情動状態の調整をおこなっていると考えられている。このような社会的パートナーの反応は時間的に近接しており、心理学のことばでは、随伴的であると言われるものである。もしこれが、正しい解釈であるとするならば、赤ちゃんは、社会的文脈の中で、他者の随伴性に対してきわめて高い感受性を持っているということが容易に推測できる。

このことをもっともよく表しているのが、「スティル・フェイス・エフェクト（静止顔効果）」と呼ばれる実験パラダイムである。これは、お母さんと赤ちゃんがやりとりをしている中で突然、お母さんの表情が中立になり静止してしまう状況である。一般的に、この実験は次のような手続きでおこなわれる。まず、お母さんは、いつものように赤ちゃんと接する。赤ちゃんに対して、笑いかけたり、優しく声をかけたり、体に触れたりして赤ちゃんと自然なコミュニケーションを取る。次に、お母さんは突然表情をなくし、赤ちゃんと触れ合うことを止める（スティル・フェイス）。今まで優しく接してくれていたお母さんが急に変わってしまうのである。そして、最後は、また最初の状態に戻り、お母さんは赤ちゃんに優しく接して、相互交渉を再開する。この間わずかに一～二分のことであるが、この実験から赤ちゃんの社会的な知覚に関する大変重要な情報を得ることができる。赤ちゃんは、お母さんのスティル・フェイスに対して、微笑みが減少したり、視線の回避が増加したり、またある赤ちゃんは、大変困惑したりした。つまり、赤ちゃんの情動は明らかにネガティブな状態になったのである。このような、スティル・フェイス効果は、生後二ヶ月から見られるという報告もある。では、このことからいったい何が言えるのだろうか。赤ちゃんは、おそらくお母さんの社会的な刺激がなくなったことを理解したのだと思われる。すなわち、社会的随伴性が消失してしまったことに気づいた可能性があるという訳だ。この結果自体は、大変面白いものだが、これだけでは他の要因が多すぎて、確定的なことはいえない。たとえば、赤ちゃんは、お母さんの声や身体接触やその他の行動が消えてしまったという変化そのものに反応しただけかもしれないからである。

マーレイとトリバーセン(6)は、このような問題を解決するために、新しいパラダイムを考えた。純粋に社会的随伴性の影響だけを取り出すように工夫されたもので、ダブル・ビデオ・パラダイムと呼ばれる。このパラダイムでは、TVモニターを介したお母さんと赤ちゃんの自然な相互交渉をビデオに記録する。このとき、お母さんも赤ちゃんも、お互いに別の部屋にいながら、相手をTVモニターで見ることができるようになっている。まず、スティル・フェイス実験と同様に、最初は通常のコミュニケーションをおこなってもらう。つまり、お母さんは、TVモニターを通じて、赤ちゃんに声をかけたり笑いかけたりするのである。そして、三〇秒後、突然、赤ちゃんに、前に記録したお母さんのビデオを呈示する。このとき、赤ちゃんにとってTVモニターに映っているお母さんは、普通にコミュニケーションを取ろうとしてはいるが、妙にタイミングの合わない、何だか変なお母さんである。お母さんの社会的刺激は、赤ちゃんの反応とまったく相関していない。これをリプレイ条件と呼ぶ。もし、このリプレイ条件のときに赤ちゃんの反応が変われば、その大きな要因は、社会的随伴性の欠落だということができる、というのである。実験の結果、リプレイ条件では、赤ちゃんが困惑したり、お母さんの映っている画面から視線をそらしたりしていた。スティル・フェイス実験のときと同様である。こうしたネガティブな反応は、期待違反（expectation violation）によるものであると、マーレイとトリバーセンは考えた。赤ちゃんは、お母さんの随伴的な反応を期待しており、それが突然裏切られたことが、こうした反応に現れたということである。この実験は、六週齢から一二週齢の赤ちゃんを対象にして、おこなわれたものである。赤ちゃんが、非常に早い時期から社会的随伴性に敏感であることがわかる。その後、同じようなパラダイムを用いたいくつかの研究が報告されている。

マーレイとトリバーセンの手続きをさらに修正したのが、ナデルら(7)が四ヶ月児を対象におこなった実験である。マーレイとトリバーセンの方法では、実時間のお母さんの映像から、録画されたお母さんの映像に切り替える際、わずかながら切れ目がある。この変化に対して、赤ちゃんが反応している可能性は、捨てきれない。そこで、ナデルらは、赤ちゃんに切れ目なく映像を見せられるような工夫を加え、同じように実験をおこなった。最初に、モニターを通じて通常の相互コミュニケーションをはかる（ライブ条件1）。次に、以前に記録された映像を流す（リプレイ条件）。映像のなかでお母さんは赤ちゃんと非常に良くコミュニケーションをとっているのだが、もちろん、見ている赤ちゃんの反応とはタイミングが合わない。ナデルらの実験では、映像は最後に再び、初めと同じように現在のお母さんに戻る（ライブ条件2）。この三つのフェイズを切れ目なく流した結果、リプレイ条件、つまり社会的随伴性のない映像の流されたフェイズで、母親への注視も微笑みも減少した。ところが、ライブ条件2では、母親への注視と微笑みは回復したのである。これらの結果は、乳児の反応が社会的随伴性への期待によるものだという、マーレイとトリバーセンの考えを指示している。

大神田と私は、同様のダブル・ビデオ・パラダイムを用い、二ヶ月児と四ヶ月児を対象に実験をおこなった。[8] そして大変興味深い結果を得た。図1-2に基本的な実験状況を示したので参照いただきたい。手続きは、基本的にはナデルらに準じた。しかしながら、分析法は若干異なっていた。三〇秒間のリプレイ条件下で、赤ちゃんの反応を、前半の一五秒と後半の一五秒に分けて分析したのである。先行研究に倣って、特に、赤ちゃんのお母さんに対する視線と微笑みに焦点を当てて分析をおこなった。結果を概略してみよう。まず、二ヶ月児では、リプレイ条件の後半で注視時間が増加した。これまでの報告とは異なる結果である。二ヶ月児では、微笑みについては、あまり変化は見られなかった。しかしながら、四ヶ月児では、リプレイ条件の後半に、微笑が増加した。これも今までの報告とは異なるところである。これらの結果はどのように解釈できるだろうか。二ヶ月児は、母親の社会的刺激が随伴的ではなくなったとき、すぐにはその状況に気づかないが、時間の経過とともに徐々に気がつき始め、期待違反により注視時間が延びたとは考えられないだろうか。また、四ヶ月児の微笑が後半で増加するのは、非随伴的な母親のコミュニケーションに対して、正常な反応を回復させようとする社会的スキルだと考えられる。非随伴的になったとたんにネガティブな反応が出現するとされた先行研究とは、異なる知見が得られたのである。

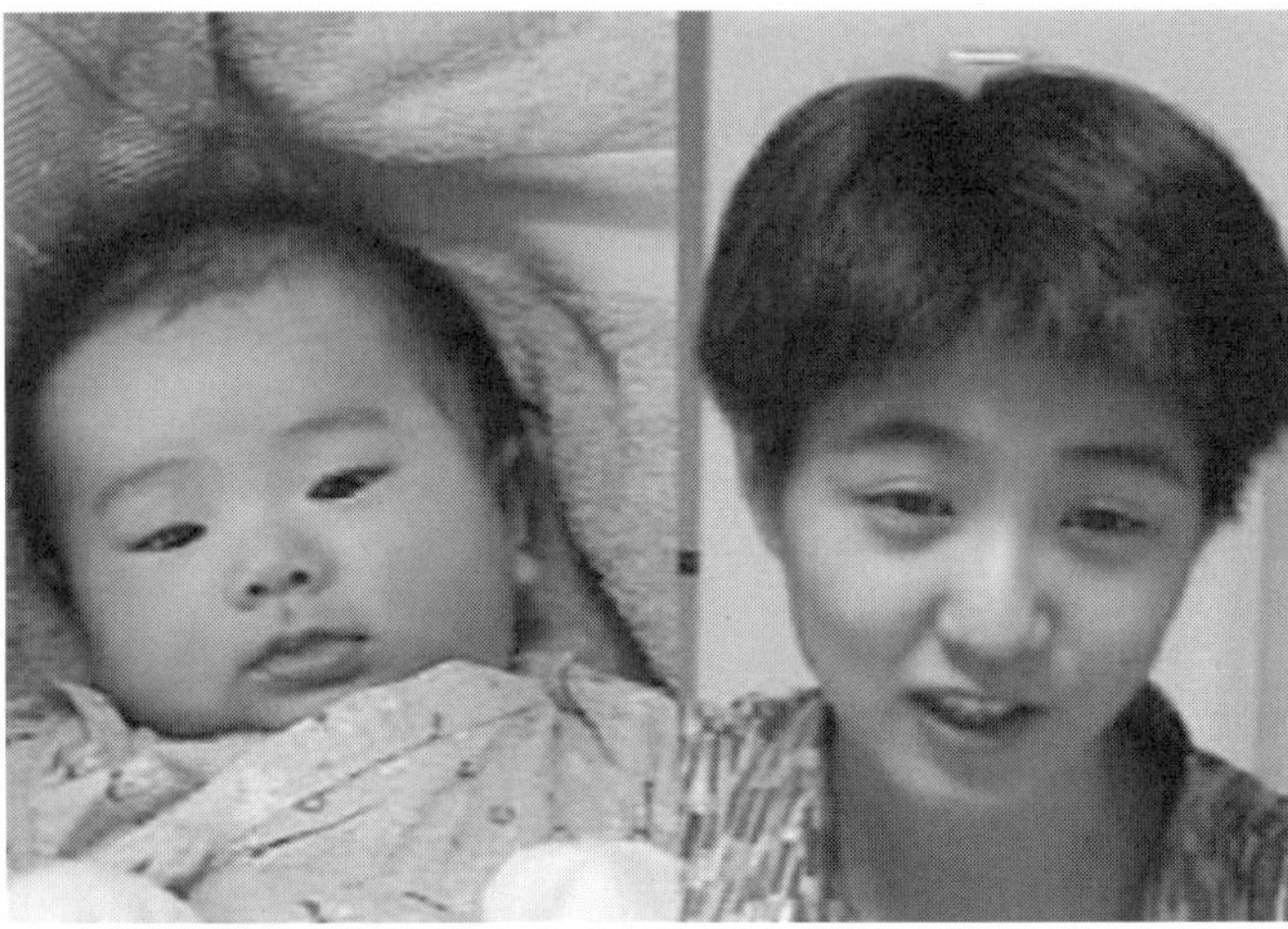

図1-2●大神田らの実験場面設定。実験者から見える画像（左）と赤ちゃんから見える画像（右）。

これまで報告された、スティル・フェイス実験やダブルビデオ実験などの結果から、生後二ヶ月の赤ちゃんが、母親が与える社会的刺激の随伴性に高い感受性を持っていることが確認された。しかしながら、こうした随伴性がヒト以外のエージェント（主体）によって生成された場合には、どのような反応が生じるのだろうか。たとえば、それがロボットだったら。これも今後の課題の一つであろう。

5 赤ちゃんの認識世界の捉え方

赤ちゃんの認識世界を語るときには、一般に、大きく二つに分けて考える。すなわち、物理的環境世界の認識と社会的世界の認識である。物理的世界の認識は、物や物理的法則の認識であり、スペルキによると、乳児はきわめて早い時期から、ある種の物理的知識を持っているらしい。スペルキらのグループは、一連の実験から、乳児は重力や物の関係などの基本的な物理的知識を持っているとして、このような乳児の知識を「核知識（Core knowledge）」と呼んだ。たとえば、物体はある空間を占め、同時に二ヶ所に存在することはできないし、その空間内に連続的に存在しているという、物理の基本原理に基づいた推論が乳児に可能であることを報告している。ただし、彼女のこのような考え方がすべて受け入れられているわけではなく、論争の多いところでもある。社会的世界の認識とは、自分に関する認識や他者の認識、自分と他者の関係の認識、他者と他者の関係の認識など、いわゆる社会的認知と呼ばれるものすべてであろう。本書では、乳児の社会的世界の問題を、さまざまな視点から論じる。すなわち、人間の心の成り立ちを、他者に、または人以外の対象に心を見出していく過程と捉え、その発達に迫ろうという試みをおこなう。

大人は、物体が自律的に動いているのを見ると、状況によっては、それがまるで生物であるかのように思うことがある。現実には、画面に映った物体やアニメーションが心を持つはずもない。けれども、私たちは、動く物体に生命や心を感じてしまうことがある。それは錯覚なのだが、そうした錯覚が他者に心を感じるために必要なのではないかと私は考えている。

6 メンタライジング

一九七八年に、プレマックとウッドラフは、「チンパンジーは心の理論を持つか?」という論文を、『行動と脳の科学(*Behavioral Brain Science*)』という学術雑誌に発表した。この論文は大変センセーショナルなものであり、その後、さまざまな領域を巻き込んで盛んに議論されるようになった。特に、自閉症研究に大きな意味を持ったことから、他者の心の理解の本質とも目されるようになった。ここ二〇年ほど、発達心理学はこの問題を中心展開されてきたといっても過言ではあるまい。発達心理学の領域だけではなく、哲学、霊長類学、コンピュータサイエンス、ロボット工学など、多様な分野でこの問題が取り上げられてきた。最近は、多少手垢がつき過ぎた感もないではない。

さて、簡単にプレマックらの実験を振り返ってみよう。プレマックらは、サラというチンパンジーを対象として、以下のような実験をおこなった。サラは何らかの物理的制約があるために目的を達せられないような状況が記録されたビデオを、いくつか見せられた。たとえば、バナナが天井につり下げられていてそのままでは取れない状況、または、バナナが遠くにありそのままでは届かない、といった状況のビデオを、三〇秒間見せられたのである。その後、これらの問題を解決している場面を写した一枚の写真を含めた二枚の写真を見せられ、どちらかの写真を選ぶことが求められた。このような課題に、サラはほぼ正しく答えることができた。次に、今度は単に物理的な制約がある状況だけではなく、さまざまな状況で、問題の起きている場面が見せられた。たとえば、カギのかかった檻から逃れようとしている人、プラグが抜けた蓄音機で音楽を聞こうとしている人、などの場面を見せられ、その後、前の実験と同じように、問題を解決している場面を含む写真が呈示された。サラはこうした複雑な問題解決場面でも、正しい写真を選択することができたのである。

プレマックは、こうした一連の実験から、サラはビデオに出てきた人が直面している問題の構造を理解し、その人の意図をも推理できた可能性を示唆した。プレマックによると、他者の、信念・目的・意図・知識・思考・推測などの内容が理解できれば、それは「心の理論」を持つことになるという。[9] その後、プレマックは、いくつかの実験をおこなって、次のように結論づけた。もしもチンパンジーが心の理論を持つとしても、それは極めて原初的なものであろう。すなわち、見ていること、欲していることと、期待していることなどの理解のみである。そして、最終的な結論として、「心の理論」の三つの段階を想定し、以下のように分類した（以下、子安増生『幼児期の他者理解の発達』[10]より引用）。

(1)どんな種類の「心の理論」をも帰属させない動物。動物の大半がそうだとする。
(2)「心の理論」の帰属が無制限である動物。四歳以降のヒトがこれにあてはまるとする。
(3)「心の理論」の帰属をおこなうが、多くの点で限界がある動物。チンパンジーなどがこれに該当すると思われる。

以上の結論に対しては、異論のある研究者も多く、まだまだ議論が続いているところである。

それでは、次に、今や古典とも言えるウィンマーとパーナー（Wimmer & Perner）による「誤信念課題（False Belief Task）」を紹介しておこう。[11] 以下、『幼児期の他者理解の発達』[10]から引用する。この課題は、マクシという男の子が主人公となるので「マクシ課題」と呼ばれる。まずこのマクシの話を子どもに聞かせる。『マクシは、お母さんの買い物袋を開ける手伝いをしています。マクシは、後で戻ってきて食べられるように、どこにチョコレートを置いたかをちゃんと覚えています。その後、マクシは遊び場に出かけました。マクシのいない間に、お母さんはチョコレートが少し必要になりました。お母さんは〈緑〉の戸棚からチョコレートを取り出し、ケーキを作るために少し使いました。それから、お母さんはそれを〈緑〉に戻さず、〈青〉の戸棚にしまいました。お母さんは卵を買うために出ていき、マクシはお腹をすかせて遊び場から戻ってきました』(『幼児期の他者理解の発達』[10]一三四ページ)。このお話を聞かされた後、被験児となった子どもには、マクシはチョコレートがどこにあると思っているか、という問いが与えられる。この問いに対して、子どもが「緑の戸棚」を選択すると、マクシが持っていると思われる「誤信念」を推論することができたということになり、この課題をパスしたことになる。そして、三歳児はこの課題に失敗し、四歳児になると成功することを報告した。パーナーは、その後の一連の研究をまとめ、いわゆる「心の理論」が出現するのはおよそ四歳頃からであると結論した[10、12]。

心の理論は、他者の行動が、欲求や態度や信念によって決定されるということの認識である。メンタライジングとは、フリスによると、心の理論とほぼ同義に扱われる。私自身は、もう少し広い意味で捉えたいと思っている。すなわち、ここでは、メンタライジングを「対象に目標志向性や意図、心など、心的状態を認めること」と定義する。このような関連から、初期の社会的認知の発達から共同注意、意図理解、誤信念課題、誤信念課題通過後の皮肉の理解、高次の嘘の理解など、すべてを通じ

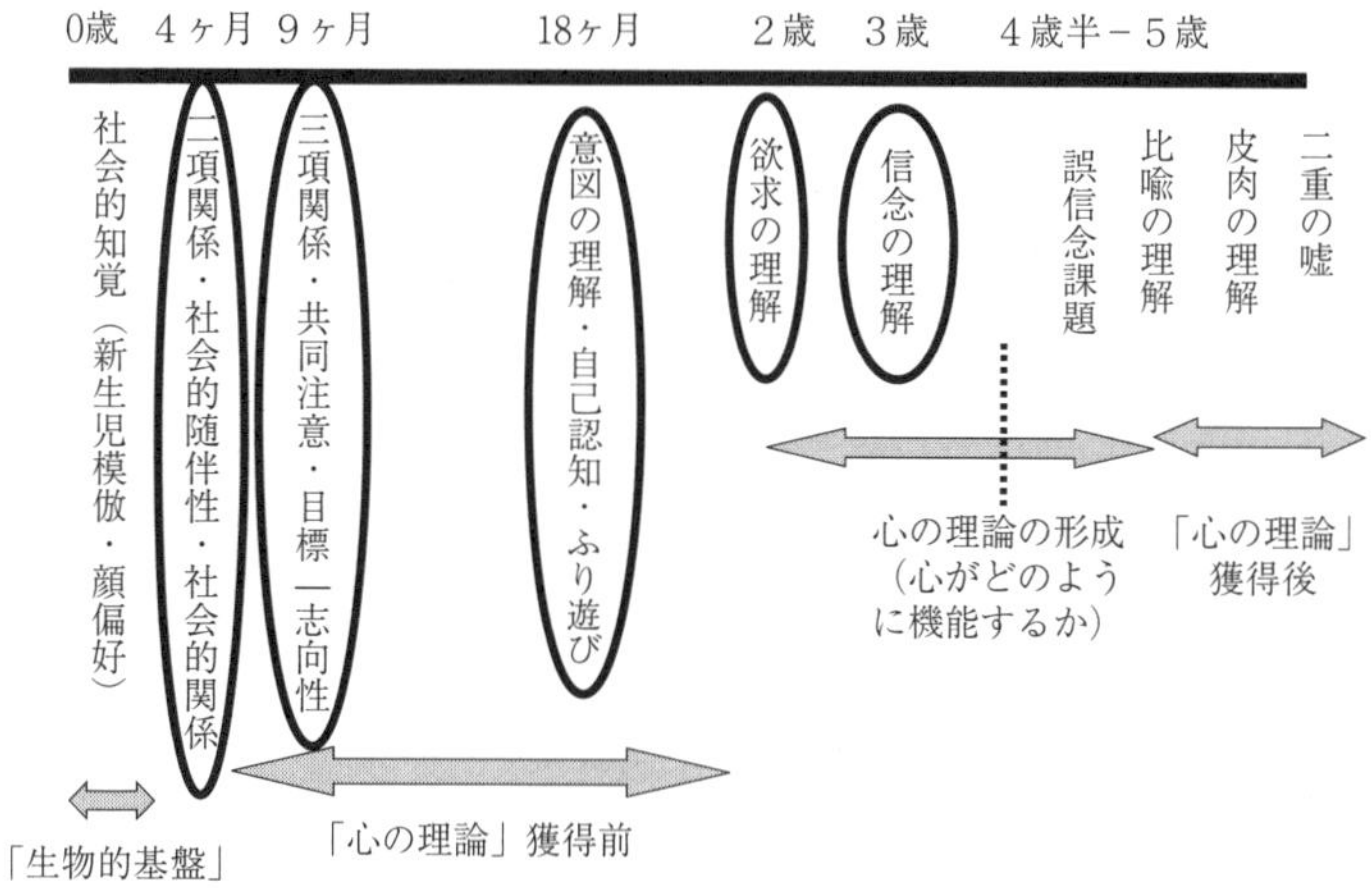
0歳
4ヶ月
9ヶ月
18ヶ月
2歳
3歳
4歳半－5歳
社会的知覚（新生児模倣・顔偏好）
二項関係・社会的随伴性・社会的関係
三項関係・共同注意・目標―志向性
意図の理解・自己認知・ふり遊び
欲求の理解
信念の理解
誤信念課題
比喩の理解
皮肉の理解
二重の嘘
「生物的基盤」
「心の理論」獲得前
心の理論の形成（心がどのように機能するか）
「心の理論」獲得後

図1−3●メタライジングのモデル

てメンタライジングと呼ぶことにする。ここには、いわゆる暗示的な心の理論や明示的な心の理論も含まれる。図1-3に、メンタライジングのおおまかな発達プロセスを示した。

7 本書の構成

第1章では、赤ちゃん研究の発展の原状と、本書のテーマである心の成り立ちを、他者に心を発見するプロセスとして見ることを述べた。対人場面で、最初にみられる他者とのやりとりに関する社会的随伴性や、今や発達心理学の大きな一翼をなす心の理論について言及した。第2章では、赤ちゃんも、物体やアニメーション刺激に対して、その動きや文脈によっては目標や意図を付与するということを報告する。アニメーションやただの物体は実際には目標や意図を持つべくもないが、私たちには、そうしたものに対しても、文脈に応じては、意図のようなものを見出してしまう、という抗うことのできない傾向があることを紹介する。第3章では、ただの物体やアニメーションではなくて、ヒトに似ている、いわゆるヒューマノイドロボットや、見かけ上は区別がつかないほど人間に酷似しているアンドロイドに対して、子どもはどのように振舞うのか、ということについて述べる。また、ここで私たちが標榜するアンドロイドサイエンスを紹介する。続く第4章では、人が世界を表象する仕組みについて考える。私たちを取り巻く世界は、あらゆる意味でシンボリックな世界である。広義のシンボルには、絵や写真やテレビ、ビデオなど、すべてが含まれる。現実の世界とシンボルの世界の対応づけや二重表象の問題、写真の知覚など、さまざまな種類のシンボルの知覚の発達について考察する。社会的認知との関連でいうと、他者の心を表象することこそ、心の理論の成立であるとも言える。第5章では、他者理解の枠組みの中で、極めて重要だと言われている他者の視線理解について、おもに進化的視点から述べる。第6章では、本稿で述べてきたことを、概略し、再度他者の心を見出す心の発達について考えてみる。そして、私の考える「ディヴェロップメンタル・サイバネティクス」という新しい研究領域の提唱を試みる。ディヴェロップメンタル・サイバネティクスとは、子どもたちとヒト以外のエージェント、特にロボットとのインタラクションや融合を研究する領域と私は捉えている。まさに、これは未来に向かった研究であり、今後のテクノロジーの発展を考慮すると、大変重要な学問になるのではないかと考える。それは、単にテクノロジーに適応した子どもを創り出すのではなく、再び「心」というものを真摯に考えようとする学問領域であることも加えておく。

column

コラム01　赤ちゃんを知ることの大切さ

「赤ちゃんを科学する」というのが僕のポケゼミのタイトルだった。数年前から、京都大学でも一回生を対象にしたポケットゼミナールなるものが始まった。これは半期のみで、その担当に当たった教員がおこなう少人数のゼミである。大学に入学して来たばかりの一回生に学問の素晴らしさ、面白さを早いうちからわかってもらうというのが狙いだと僕は理解している。スタッフ全員というわけではないが、もちまわりでポケゼミを担当することになった。幸か不幸か（?）、わが心理学教室二回目の担当に当たってしまったのだ。所属学部に関係なく全学から応募できるが、受講者数には制限があり、僕の場合は研究室に収まる人数として六人にさせていただいた。こんなタイトルのゼミにやってくる学生がいるのかと思っていたが（いないことを期待していたわけではない）、どうやら抽選で決まったらしい六人の一回生がやってきた。内訳は、文学部、経済学部、理学部、農学部からそれぞれ一人ずつ、そして工学部からは二人であった。男女比は、五対一。男子学生のほうが圧倒的に多かった。残念ながら心理学を希望する学生は一人もいなかったが、彼らにこのセミナーを選択した動機を聞いてみた。すべての学生の共通した答え。「今所属している学部では、赤ちゃんのことを勉強する機会は、全くないだろう。自分の学部では絶対に勉強できないことを勉強してみたかった。」ということであった。ゼミは、わきあいあいと和やかに楽しく行なわれた。最初の時間に、赤ちゃんがいつから喋り始めるのか、いつから歩き始めるのか、足し算や引き算はいつからできるようになるのか、などいくつか質問をしてみた。ところが、意外とみんな赤ちゃんのことを知らない。中には三ヶ月くらいで歩き始める、と答えた学生もいた。もっとも自分のことを考えると、彼らと同じくらいの年齢の時期に赤ちゃんのことを知っていたかと問われるととても心もとない。

選好注視法や馴化法で急速に進展した赤ちゃん研究の話をすると積極的に質問が飛んでくる。赤ちゃんという謎の存在を、科学的に解明していくというコンセプトが伝わったのだろう。赤ちゃんは、何もしないと思っていたけど、思っていた以上に豊かな世界に住んでいることがよくわかりました、との感想をもらった。この感想が聞ければ、僕の狙いはうまくいったことになる。早くから赤ちゃんを知ることは、とても大切な気がする。どこかの小学校では、心理学の発達実験を体験する授業を取り入れていると聞いた。そのときの授業の様子をビデオで見せていただいたことがあるが、実にみんな生き生きと実験に取り組んでいた。月並みな話になってしまうが、まわりに赤ちゃんの声が聞こえるというのは、本当はとても幸せなことかもしれない。僕の研究室の嶋田容子さんは、赤ちゃんの声に対する反応についてとてもユニークな研究をおこなっている。赤ちゃんの声を、それとはわからないくらい短く分断したものを、二つのグループの女性に聞かせて、それを煩い（耳障り）と感じる程度を評定してもらったのだ。二つのグループとは、まだ子育ての経験がない女性群と現在赤ちゃんを育てている女性群であった。結果は、前者のグループのよりも後者のグループのほうが、刺激に対して肯定的であった。つまり、すべての被験者にとって、赤ちゃんの声だと明確にはわからないような刺激でも、子育て経験のあるお母さんのほうが、その音声を耳障りだとは感じないらしい。赤ちゃんの声に対する聴覚経験がもたらす効果と言えそうだ。近年、子育てに悩むお母さんが多いと聞くが、早くから赤ちゃんの声に慣れていれば、赤ちゃんに対する態度も変わるかもしれない。赤ちゃんを科学すること、赤ちゃんを科学の目から再び捉えなおしてみること、もちろん、それがすべてではないと思うが、そうすることで何か新しい提言ができるかもしれない。

第2章 物体に心を見つける

1 合理的な判断をする赤ちゃん

ヒトは他者の行動の原因を、その背後にある心的状態に帰属させる。これは、それを避けようとしても不可能であるほど、ほぼ自動的に立ち上がってくるものである。このことはヒトに対してだけではない。自律的に動いている物体に対しても、私たちは、目的や意図を付与してしまう傾向がある。では、乳児ではどうだろうか。近年、このような研究が急激に増えてきた。乳児は、たとえコンピューター画面に呈示されたアニメーションのような刺激であっても、動きや文脈条件によっては、その刺激に目的や意図を付与してしまう傾向があるようだ。これは、他者に「心」を見出すためのもっとも基本的な傾向であろうと思われる。たとえば、先述したプレマックは、意図を持つと判断するための条件として、「自己推進性（self-propelled）」と「目標指向性（goal-directed）」を挙げている。通常、ただの物体は自分から動くことはなく、外部からある力が加わると動き始める。自分の力で動く性質を持つことを自己推進性といい、自己推進性を有するものは、自分で動き始め、自分で止まるのである。また、その動く物体が、ランダムに動くのではなく、ある目標に向かって動くときに目標指向性を持つと判断される。ヒト乳児は、物体がこのような性質を持つときに、その物体を「意図を持つもの」として認識する傾向があるというのである。

こうした視点からの、プレマックらの実験を紹介しよう。この実験では、モニターにアニメーション刺激が呈示された。そこには、二つの物体があり、一方の物体がもう一方を「たたく」、「なでる」「じゃまをする」「助ける」という四つのタイプの刺激を呈示した。このようなタイプは、大きく二つに分けられる。すなわち、肯定的な行動と否定的な行動である。「たたく」「じゃまをする」というのは、否定的な行動であり、「なでる」「助ける」というのは肯定的な行動である。つまり、このような物体の動きにはすでにある価値が含まれているということになる。プレマックは、それぞれの場面に対する乳児の注視時間を計測した。たとえば、あるグループの乳児は、「たたく」という行動に馴化させられ、テスト刺激では、「じゃまする」場面と「助ける」場面を見せられた。すると、乳児は、

「助ける」場面の方を長く見たのである。逆に、「なでる」という場面に馴化させられた乳児のグループは、同様に「助ける」「じゃまする」の両場面を見せられたときには、「じゃまする」場面を長く見た。このことは、乳児の認識について何を物語っているのだろうか。先に述べたように、馴化法では、いったん馴化した刺激とは別の刺激を呈示すると、乳児がその刺激を区別している場合、注視時間が再び長くなる。これを脱馴化ということはすでに述べた。このことから考えると、乳児は、「たたく」「じゃまする」という否定的な価値と、「なでる」「助ける」という肯定的な価値を、すでに区別していると考えられる。つまり、物体同士の関係を示すような動きから、その社会的意味を読み取っていることがわかるのである。プレマックの賢さをまたここに見せつけられた感じがする。

2 行動の解釈の仕方

他者の行動の背後にある原因について推論する能力の発達について精力的におこなっているのは、ロンドン大学のチブラのグループである。他者の行為を心的状態の発露の結果として解釈するやり方には、二つの異なる側面があるとされる。まず、最初は、観察された行動を、目標指向性の行為として解釈することである。目標指向性は、行為の最終状態に関するものである。つまり、ある状態を完成するために生起する行為である。チブラが引用している例をここでも挙げてみよう。[13] もし、誰かがコークスクリューをワインのコルクにねじ込んでいるところを見たとしよう。その人は、この行為が何についてのものであるかを知っている。ワインを開けようとしているのである。このような行為は、目的論的解釈であるといえる。目的論的解釈は、その行為にワインボトルを開けるという目標を付与するばかりではなく、そのエージェント（この場合はワインを開けようとしている人）に、ワインを飲みたいという欲求やワインボトルの中にワインが入っているはずだという信念を、帰属させる。もう一つの側面は、リファレンシャルな行為を通じた他者の行動の解釈である。リファレンシャルな行為は、エージェントを取り巻く環境の中で、何が強調されているかを表す。もし、誰かが車を指さしていたら、その行為は、車についての行為である。観察者が、リファレンシャルな行為として他者の行動を解釈するとき、その他者と関連する世界のある側面が強調される。そして観察者は、このことから、その他者、すなわちエージェントに、リファレンシャルな意図を帰属させるのである。

3　目的論的志向性の理解

さて、この節では、ガーガリーらの実験を紹介することによって、行為の目的論的理解について考えてみよう(14、15)。彼らの実験は、いずれもコンピュータアニメーションを刺激としておこなわれた。まず、最初の実験である。図2-1(a)を参照していただきたい。

この図には、使用された刺激と結果が合わせて示されている。方法としては、先に紹介した馴化法が用いられた。左端の図が馴化刺激（Habituation stimuli）で、右の二つがテスト刺激である。馴化刺激では、右の小さいボールが、左の大きいボールに近づこうとしている。しかし、そこには障害となる壁があって、それを飛び越えなければ大きいボールのところへいけない。そこで、小さいボールは助走をつけて壁を飛び越え、大きいボールのもとへ到達する。このときの、刺激に対する乳児の注視時間を計測したのである。このような場面を何度も乳児に見せると、次第にこの刺激に慣れてきて、注視時間が短くなる。これを馴化という。十分にこの刺激に馴化させた後、今度はテスト刺激として、障害物を取り除いた右二つの刺激を呈示した。右側の刺激では、小さいボールは、まっすぐに最短コースを通って大きいボールに近づいた（ニューアクションと呼ぶ）。左側の刺激では、小さいボールは、馴化刺激と同じような動き、すなわちジャンプしたような動きで大きいボールに到達した（オールドアクションと呼ぶ）。一般に、乳児は、自分の予期しない事象や新奇な事象に対する注視時間が長くなることがわかっている。あり得ない事象や、見たことのない事象を目にすると、驚いてその対象を長く見るのだと考えられているのである。この実験では、乳児は、小さいボールが最短コースを通って大きいボールに到達す場面よりも、ジャンプして到達する場面のほうを長く見た。もし、乳児が、ジ

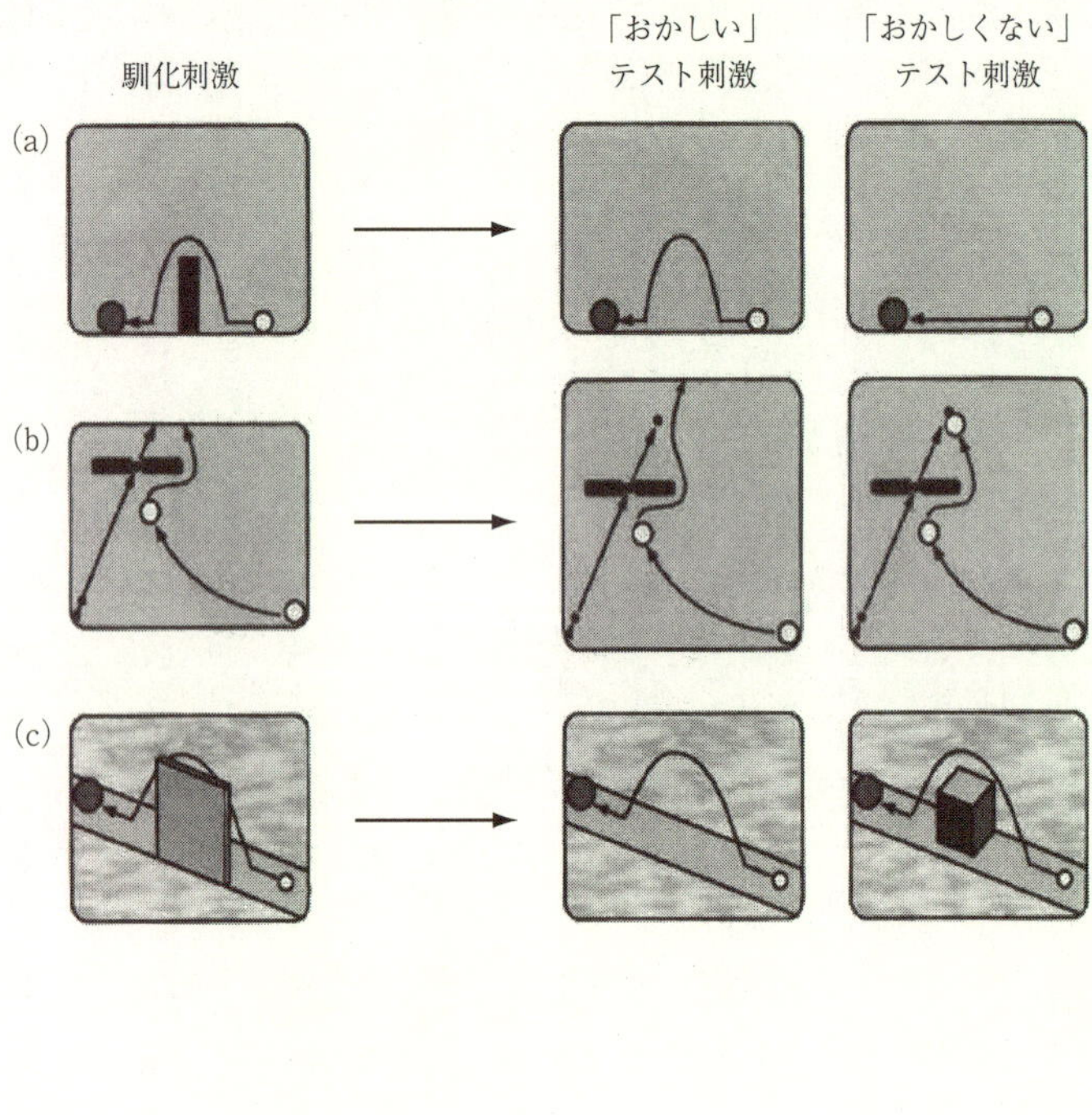

図2-1●ガーガリーらが用いた刺激図

ャンプして大きいボールに近づくという、ボールの動き方そのものに馴化していたのなら、テスト刺激で新しく見せられた、ジャンプをしないでまっすぐに大きいボールに近づくという動きの方を長く見るはずである。ところが、結果は逆になった。ガーガリーらは、これを、乳児がボールの「目標」を理解していたためだと解釈した。すなわち、小さいボールは大きいボールの所にいくという「目標」を持っている。障害物がなくなったテスト刺激場面では、その目標に到達するためにジャンプする必要はなく、まっすぐに最短コースを進めばいい。それは小さいボールの目標から考えれば起こり得る現象なのである。それに対して、障害物もないのに、ジャンプして大きいボールのもとにいくのはおかしいということになる。乳児は、小さいボールに目標を見出し、小さいボールの行動がその目標に合っているか、合っていないか、という、非常に合理的な判断を示したということになる。ガーガリーらは、このことをさらに確実に証左するために、次のような実験をおこなった。

基本的には、前の実験で用いた刺激と同じであるが、馴化刺激が少し異なっていた。前の実験では、小さなボールは、障害物を飛び越えて進まなければならなかったのに対して、今度の実験の馴化刺激では、障害物が小さなボールの右側に位置しており、小さなボールは障害物を超える必要がない。テスト刺激は、前の実験と同じであった。注視時間の結果を見ると、二つのテスト刺激条件では差がなかったのである。

チブラとガーガリーは、面白い実験をさらに続けておこなっている。図2-1(b)を見ていただきたい。今度は二段目の図である。左の図、すなわち馴化刺激では、壁の隙間を通り抜けようとしている小さいボールに、大きいボールが近づこうとするが、大きいボールは図のように進路を変え、壁の向こう側に進む。乳児がこの場面に馴化した後、二つのテスト刺激が提示された。テスト刺激では、壁の向こう側で小さいボールは止まっている。提示された場面の一方では、大きなボールは壁の向こうで再び小さなボールに追いつくが、そのまま通り過ぎて先にいってしまう（左のテスト刺激）。もう一方では、素直に小さなボールのところへいって止まる（右のテスト刺激）。

おそらくもうおわかりいただけたと思うが、被験児は、左のテスト刺激、すなわち大きいボールが通り過ぎていってしまう場面の方を長く見た。大きなボールは小さなボールに追いつきたいけれど、隙間が小さすぎたために迂回した。だから、その後ふたたび追いつけば、そばに寄っていくのが当然で、接近しないで先にいってしまうのはおかしな出来事だと、乳児は見たのである。

さらに、ダメ押しの三つめの実験。一番下の段の図である（図2-1(c)）。馴化刺激では、壁の向こう側をボールがジャンプして通り過ぎる。赤ちゃんからは、ボールが壁の向こうで飛び上がって降りてくるのが見えるだけで、実際に障害物がそこにあるかどうかは、わからない。次に、二つのテスト刺激では、壁が取り除かれて、乳児はボールがジャンプして通り過ぎるのを見るわけだが、左のテスト刺激では何もないところで、ボールはただジャンプしている。それに対して、右側のテスト刺激では、立方体の障害物があり、ボールはそれを飛び越えるためにジャンプしている。さて、赤ちゃんは、どちらを長く見ただろうか。正解は、左の刺激である。なぜなら、障害物も何もないのに、ジャンプして通り過ぎるのはおかしいからである。馴化刺激では壁に隠されていて、実際にボールが障害物を飛び越えるのを見たわけではない。にもかかわらず、乳児は、何もないところでジャンプするのはおかしい、という反応を示した。そのようにボールが行動するには、それなりの意味が必要なのだ。

ガーガリーたちの一連の研究をまとめると、赤ちゃんは、コンピュータのアニメーションで示された単純な物体にも目標志向性を見出し、その目標志向性に照らして、きわめて合理的に行動を解釈する存在だということができる。

4 好き・嫌いの判断

前節では、赤ちゃんが、コンピュータ上のアニメーション刺激に対しても、目標指向性を想定するらしいことがわかった。しかし、赤ちゃんは、ただのアニメーション刺激でも、その文脈に応じてもっともっと複雑な理由付けをするらしい。クールマイアーらは、巧妙に仕組んだ実験でこのことを示した。[16] これも、コンピュータアニメーションを用いた実験である。図2-2を見ていただきたい。

刺激映像には、坂道（スロープ）があり、ボールがそこを上ろうとしている。上段では、三角

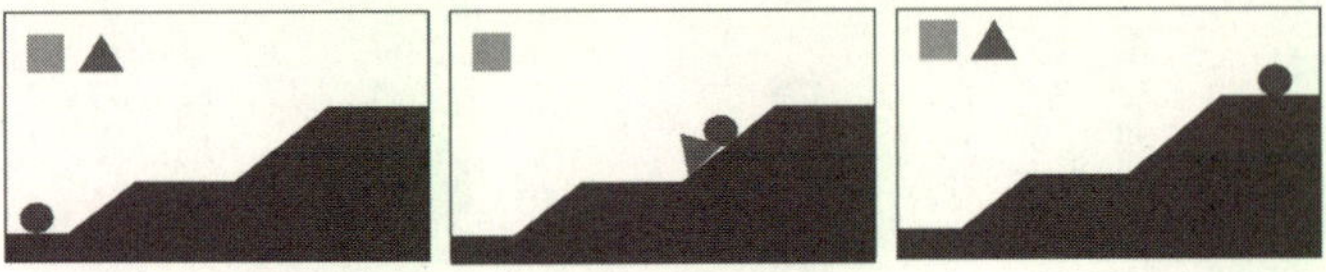

三角が手伝いをする動画

四角が邪魔をする動画

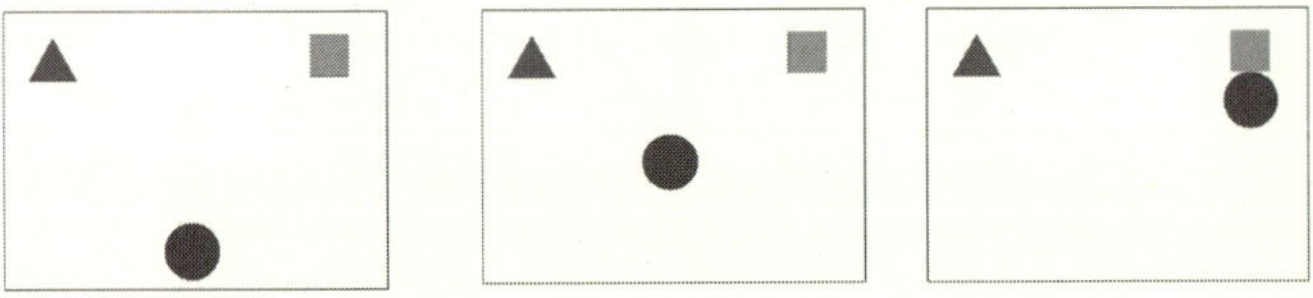

四角へ近づく動画

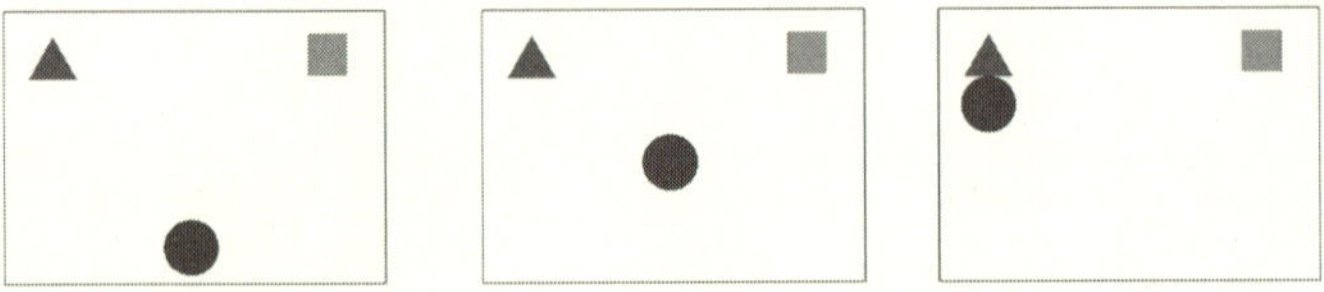

三角へ近づく動画

図2−2●クールマイアーの実験の刺激図。

(Helper：ヘルパーと呼ぶ）がボールを助けるように、上へ押し上げていく。ところが、下段では、四角（Hinderer：ヒンダラーと呼ぶ）が邪魔をしてボールを下に突き落としてしまう。調査対象となった赤ちゃんの一方のグループには、この二つの場面を馴化刺激とした。もう一方のグループには、ヘルパーとヒンダラーが入れ替わった刺激を馴化刺激とした。特定の刺激が同じ役割をしないようにするためである。この場面の刺激に十分に馴化した後、テスト刺激が呈示された。テスト刺激では、馴化刺激とは全く別の場面が用意された。図2-2の下段を見ていただきたい。画面上段の左右の端に、ヘルパーの三角とヒンダラーの四角がある。ボールは、下部中央から上方に向かい真ん中にいったん停止する。そして、あらためてヒンダラーもしくはヘルパーのほうへ近づいていく。そのときの注視時間が計測された。すなわち、乳児は、ボールが、自分（ボール）を助けてくれた図形に近づくほうの場面を長く見るか、または、自分を邪魔した図形に近づくほうの場面を長く見るかが調べられた。その結果、乳児は、自分がスロープを上るのを助けてくれたほうに近づく場面を長く見たのである。ここに示されている図の場合は、ボールが三角に近づくのを長く見たわけである。この結果の解釈は、どうなるのであろうか。クールマイアーらは、乳児がボールをエージェントとして捉え、好き嫌いの判断をする対象として認知したのだと考えた。つまり、自分を助けたほうに近づいていくことが合理的だと判断した、というわけである。通常の馴化法とは異なって、馴化刺激とは全く別の場面を見せているので、乳児は、見せられた馴化刺激から、その次に生起するであろう事象を予測し、そちらを長く見たのである。この解釈には、異論のある研究者も多いようで、まだまだ実証的なデータと解釈の論理的妥当性を十分に検討しなければならない。

辻と板倉は、クールマイアーらの報告を基に、こうしたアニメーション刺激を用いて、次のような実験をおこなった。[16][17、18]

彼らは、馴化刺激にスロープのない条件を設定した。スロープの存在は、ボールの動きに意図を付与しやすいのではないか、したがってスロープがなければ結果が変わってくるのではないかと考えたからだ。それ以外は、クールマイアーらの実験と同じだった。テスト刺激では、ボールが三角に近づく場面（下段）と四角に近づく場面を呈示した。もちろん、三角がヒンダラー、四角がヘルパーになる条件もあり、被験児間でカウンターバランスされた。

このような条件のもとに、テスト刺激で、ボールがヘルパーに近づく場面と、ヒンダラーに近づく場面への注視時間を比べてみたところ、結果は次の通りだった。スロープ有りの条件でもスロープ無しの条件でも同じ傾向が見られた。スロープがあろうとなかろうと、乳児は、ボールがヘルパー、つまり、ボールを助ける方に近づくテスト刺激をより長く見ることがわかった。プレマックが、物体が意図を持つエージェントとしてヒトが知覚するための条件として、自己推進性と、目標志向的な動きを挙げていたが、彼の基準からすると、この結果は十分に納得できる。同じ軌道を何度も通り、さらにそれにインタラクトする物体があるということがそうした知覚を促進したのかもしれない。この傾向は、私たちの実験でも、クールマイアーたちの実験でも一貫して同じだった。これらの実験の結果は、乳児は、スロープを上がろうとしているボールを助ける方の図形を好み、また、ボールがその図形に近づくことを好むのだと解釈された。しかしながら、前述したように、なぜこのような結果になるのかの説明が、まだまだ不十分であり、今後の検討が待たれるところである。いずれにしても、先行条件が、後続する別のタイプのテスト刺激の選好に影響を与えることは、興味深い事実であることには変わりはない。

本章では、ヒトの赤ちゃんが、単なるアニメーション刺激に対しても、その動きや文脈によっては、それに意図や目標志向性を付与する傾向があることを、さまざまな実験を紹介することにより論じてきた。私たち大人も、同様のことをする。しかしながら、こうしたアニメーション刺激には意図や目標はあるはずもない。いわば、私たちの脳が勝手に創り出した錯覚のようなものである。このようなことを知覚的社会的錯覚（Perceptual social illusion）という。こうした錯覚を持つことと、他者の心を発見していくことには何らかの関係がありそうな気がするが、これは今後のよく考えられた研究を待たなければならない。

コラム02 column アニミズム

子どもは、物に心があると考えるだろうか。こうしたことは、古くから「アニミズム」の問題として扱われてきた。以下、麻生武の『発達と教育の心理学』(培風館、二〇〇七年) を引用して紹介したい。麻生によると、アニミズムということばは、もともとは、文化人類学者のタイラーの用語らしい。宗教の起源を説明するために、超自然的なもの、神秘的なものを想定し、それが自然や人間に大きな影響を与えるものとして捉えた。また、一般的には、外界のさまざまな自然物に霊魂があると信ずる心の状態をアニミズムと呼ぶこともあるという。幼いころ、僕の家の庭に、枇杷の大きな木があった。実のなる季節は当然ながら、それ以外の季節にも、その木を遊び場にしてよく登っていたものだ。その木には、なぜか非常に愛着を感じて、その木に登っていると、その木に抱かれているような安心感があった。そのころ、僕は絶対にその木には心があって、しかも優しい気持ちを持っていると思っていた。どのような理由からか忘れてしまったが、その木が切り倒されてしまったとき、僕には大きな喪失感が残ったものだ。さて、発達心理学に関するアニミズムの概念は、当然ながらJ・ピアジェに端を発する。ピアジェは、モノを生きているとみなして、それに意志を付与したりする傾向を記述するために、アニミズムという用語を用いたということである。そして、子どもたちに次のような質問をおこなった。例えば、「針でテーブルをついたら、テーブルは感じるかな?」というようなことを訊いてみた。いくつかの質問をした結果、子どものアニミズムに関する四つの発達段階を見出した。まず、（1）モノが状況によっては意識を持つことがあると考える段階。例としては、石ころは、普通は何も感じないけれど、動かされた石ころは、動かされたと感じる、と考える段階である。次は、（2）子どもは動くことのできるものには意識があると考える段階である。単に動かされただけのモノには意識があるとは考えない。例えば、太陽や月や火などには意識があると考えるのである。次は、（3）自発的に動くことのできるモノだけが意識を持つと考える段階である。つまり、たとえ動くものであっても自力で動いているとみなされなければ、意識は付与されないのである。最後の段階は、（4）動物だけに意識を与える段階である。ピアジェによると、通常は一一～一二歳でこの段階に達するらしい。ピアジェは、このような卓越した思考により、興味深い報告をしているが、もちろん、こうした考え方による批判もある。ここでは、紹介しないが、詳しくは麻生の著書『発達と教育の心理学』（培風館、二〇〇七年）を参照して欲しい。さて、アニミズムの考え方は、第3章のロボットにも関係してくる。僕の研究室の小森伸子さんらは、ピアジェのおこなったような質問を、五歳児を対象として、ヒト、ヒト型ロボット、うさぎ、自動車、そして冷蔵庫についておこなった。具体的には、身体に関する質問、生物学的な質問、心的状態に関する質問の三種類の質問をした。例えば、「目があるか？」「骨があるか？」「死ぬか？」「成長するか？」「痛みを感じるか？」などであった。その結果をクラスター分析という方法で分類してみたところ、五歳児では、ヒトとうさぎ、自動車と冷蔵庫、そしてロボットのクラスに別れたのだ。もっと詳しく言うと、ロボットは、大きくは、自動車と冷蔵庫と同じクラスになるが、しかし、さらに細かくこれらとは区別される存在なのである（Komori, Katayama, Kitazaki, & Itakura, 2007）。ちょうどヒトと機械の中間のような存在と考えられているようだ。ロボットが、もっとヒトに近づく条件などを考えてみると新しいことが見えてきそうだ。

第3章 ロボットに心を見つける

1 ロボットに心は宿るか

私は、近年、ロボット工学者と共同研究をする機会を多く持つようになった。そもそもの、発端は、ある出版社でシリーズ本の企画があり、私も執筆を頼まれた。そして、そのシリーズ・エディターの一人が日本を代表するロボット工学者だったのである。その後、国際ワークショップ等に呼ばれて講演をしたり、ヒューマノイド・ロボットのプロジェクトに入れてもらったりと交流が続き、そうした中で知り合った工学者と、乳児によるロボットの評価実験の共同研究へと発展した。ロボットというと、人間の代わりに製品の部品を組み立てる作業したり、危険な場所での作業をしたりというようないわゆる産業用ロボットのイメージが強いかもしれないが、日本は世界一のヒューマノイド・ロボット（人型ロボット）大国なのである。ロボットを単に人の代わりに作業するものとして位置づけるのではなく、あくまでも人間に近いロボットを製作する、そしてその過程で、ヒトを研究するためのツール（道具）としても使用する、というのが私の仲間の共通基盤だと思う。同時に、日常活動型ロボット構想というものもある。ロボットは、日常的に人間の廻りにいて、ある種、人の社会的なパートナーの役割を担うものだと考える。したがって、見かけは、特に人に似ている必要はなく、コミュニケーションの機能に応じた形態をしていればそれでよい。いかにもロボットらしいロボットした形態で十分である。極端な話をすれば、一人ぐらしを余儀なくされている人のパートナーだとか、人づき合いは苦手だけどロボットなら気楽でいいという人のパートナーになり得るかもしれない。エピソーディックな話だが、長いこと車椅子を使用していた老人が、私の共同研究者のロボットを見たとたん立ち上がって、手を差し出したこともあるという。

ロボットは、発達研究にとって何の役に立つのか、と聞かれることがある。役に立つとか立たないとか、何かの利害関係をもとに共同研究をしているつもりはないし、もしも発達研究がロボットを作るうえで何らかの役に立つのなら、それはそれでかまわないと私は思っている。赤ちゃんをとてもナイーブなチューリング・マシンと考えることもできる。しかしながら、それだけではなく、発達心理学研究にもロボット研究からの知見を生かしたいと思っている。

2　ヒトの目標志向性の理解

先にも述べたが、赤ちゃん研究では、視覚的馴化法というパラダイムがきわめてよく用いられる。ここで、もう一度簡単に触れておこう。この方法は、赤ちゃんが、新奇な事象や期待していない事象に対して、既知の事象や期待している事象よりも長く注視するという傾向に依拠したものである。もし、乳児が繰り返し同じ刺激を見せられたら、注視時間は減少するだろう。おそらく、その刺激に対する既知の度合いが高くなったからだと考えられる。テスト刺激で、赤ちゃんが、その刺激が新奇なものであることやオリジナルなものと違っていることがわかれば、注視時間は再び長くなることが予想される。赤ちゃんの認知研究では、研究者は、与えられた事象を赤ちゃんが、その構造的な関係によって解釈しているかどうかに興味があるのである。このことを利用したテストの方法が考えられる。すなわち、知覚的には大変類似した事象ではあるが、構造的にはまったく異なるテスト状況を考えることである。もし、赤ちゃんが、馴化段階で、その事象の深い構造を理解したなら、テスト状況では、その場面が知覚的に類似していたとしても、構造が変化した場合により注視時間の回復が見られると思われる。つまり、通常は、知覚的に類似したものに対しては、脱馴化を引き起こさず、知覚的に異なるものに対して脱馴化が起こる。しかしながら、赤ちゃんがもっと深い意味を把握していて、表層的な知覚的事象のみに着目しているのではなければ、テスト段階で、その深い意味合いが変化しただけでも脱馴化が起こるだろうというのである。

ウッドワードは、この視覚的馴化法を用いて、乳児が、ヒトの動き（アクション）を目標志向性のあるものとして捉えるか、もしくは単なる時空間的な動きをするものとして捉えるかを調べた[19]。ロジックをわかりやすく説明するために、ウッドワードの用いた刺激を図3-1に示した。対象となった乳児の半分は、ヒトの手が二つのおもちゃのうちどちらか一方に近づいて摑むという場面に馴化させられた。テスト事象では、次のうちどちらか一方が変えられた。すなわち、時空間的に手の動きが変わる、つまり手の軌道が変えられるものと、ターゲットの場所が変えられるものであった。ウッドワードの冴えていたところは、そのロジックだった。もし、乳児が手の動きを目標志向性のあるものとして解釈していたなら、ゴールとしてのターゲットが変わった場合のほうが新奇性が高く、乳児の関心を引くことになる。したがって、時空間的な軌道が変わった場合よりも注視時間が長くなるはずである。もっとわかりやすくいうと、乳児は、ヒトの手が伸びているほうのおもちゃをその人は欲しているはずであり、テスト段階で別のおもちゃを取ることのほうがおかしいと感じるのである。結果は、ウッドワードの仮説を支持するものであった。五ヶ月児と九ヶ月児で、以上のようなパラダイムで実

(a)

(b)

(c)

図3-1●ウッドワードの実験に用いられた刺激

験をおこなったところ、手の軌道よりも、ターゲットが変わった場合に脱馴化が起こったのである。彼女らは、さらに実験を進めて、ヒトの手の代わりに、視覚的にはヒトの手に類似した金属のロッドを用いて実験をおこなった。結果は、前述したものとは異なっていた。すなわち、ロッドの場合は、軌道が変わった場合に、脱馴化を引き起こしたのである。これらの結果をまとめると、たとえ五ヶ月児であっても、ヒトの手とロッドを区別し、ヒトの手には目標志向性を帰属させるのに対し、ロッドにはそれを帰属させないことがわかったのである。これをもって五ヶ月児が意図を理解しているというのは早急に過ぎる感があるが、いずれにしても、意図理解の前駆的能力がここに見られるようである。大変よく考え抜かれたパラダイムだと思う。このパラダイムは、その後いろいろな場面で使用され、乳児の認知発達に関して、数多くの重要な知見を提供し続けている。二〇〇二年にトロントで開催された国際乳児学会でも、このパラダイムだけを用いたシンポジウムが組まれたほどである。しかも、そのシンポジストには、ウッドワードは含まれていないで、ただの聴衆としてその会場に来ていたが、座長の発案で、最後に彼女への拍手でこのシンポジウムは締めくくられた。非常に印象深い出来事であった。

3 視線追従とロボット

後でも出てくるが、共同注意は、心の理論の先駆的行動だと考えられている。共同注意に先駆けて出現するものとして、視線追従が挙げられる。非常に単純に定義すると、「他者の視線の先にあるものに自分も視線を向けること」と定義される。この社会的視線については、エメリーがきちんと分類しているので、それを参照されたい。第5章に示してある。

私の良き共同研究者であり良き友人でもあった故ジョージ・バターワース（Butterworth, G.）によると、視覚的共同注意とは、「他者の見ているところを見ること」と定義されている[20]。この簡単な定義には賛否両論があり、まだ完全に受け入れられているわけではないが、ここではこの定義に準じて話を進めることにする。要するに、他者が注意を向けている物や場所、人などに、自分も注意を向けることだと理解してほしい。他者が見ているものは、今現在の他者の心の状態、すなわち注意がどこにあるかを示すものだと考えられる。ヒトの赤ちゃんが他者の注意の方向を理解する能力は、どのように発達していくのだろうか。先のバターワースは、生後六ヶ月から一八ヶ月の赤ちゃんを対象にして緻密な実験を重ね、以下のような結論を得た。視覚的共同注意の発達には三段階あり、お母さんの見ている一般的な方向（赤ちゃんの視野内にある右または左）を見ることができる六ヶ月の時期（生態学的メカニズム）、やはり視野内にある特定の刺激を見ることができる一二ヶ月の時期（幾何学的メカニズム）、最後に、赤ちゃんの視野外にある刺激、たとえば赤ちゃんの後方にある刺激を振り帰って見ることができる一八ヶ月の時期（表象的メカニズム）である。

さて、ここでジョンソンらの実験を紹介しよう。[21] 図3-2を参照してほしい。彼らは、図に示された新奇な事物が、乳児の視線追従を引き起こすための条件を検討した。基本的には、バターワースの課題に準じているが、ジョンソンらはこれを視線追従実験としている。

クマのぬいぐるみのようなおもちゃがある。一方のクマには目がないが、もう一方のクマには目がある。ロボットと呼べるほどのものではないが、これを使って、どのような条件下で、乳児がこのぬいぐるみロボットの見た方向を追視するのかを検討した。ぬいぐるみのロボットは、ビーチボールの大きさくらいで、二つの次元からデザインされていた。一つの次元は、顔があるかないかである。図のように、左のものには顔がないが、右のロボットには、目と鼻らしきものがついている。もう一つの次元は、行動的な特徴である。すなわち、対象となった乳児と随伴的にインタラクションを取るかどうかである。そのインタラクティヴな行動は、リモコン操作によるビープ音と、ぬいぐるみの内側に仕込まれた明るく光るライトによって、創り出された。乳児が声を発するとロボットもビープ音を発し、乳児が動くとこれに応じてロボットも光を発する。これが随伴的なインタラクションである。

乳児が実験室やその環境になれるために、六〇秒間が与えられた。その間に、乳児の一方のグルー

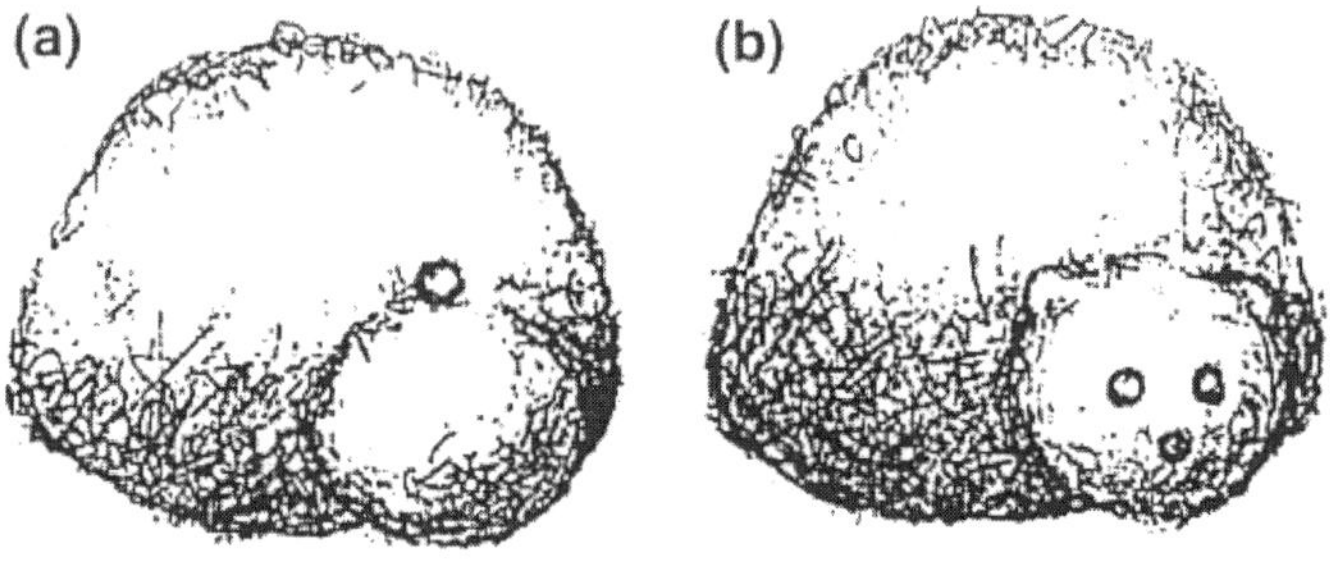

図3-2●ジョンソンらの実験ロボット。顔のないもの(a)と顔のあるもの(b)。

プは、乳児の声や動きにロボットが随伴的な応答するところを見せられ、もう一方のグループは、それと同じ量だけ、乳児の反応とは関係なくそのロボットが自発的にビープ音を発したり光ったりするところを見せられた。馴致の最後に、乳児の注意をひくために、もう一度ビープ音と光が発せられた。そして、二つのターゲット刺激のうちどちらか一方に、ぬいぐるみロボットの前側が向けられた。つまり、そのロボットが二つのターゲットのうちどちらかに注意を向けた、という設定である。乳児が、ロボットの向けたものと同じターゲット刺激を、反対側の刺激よりも長く、より頻繁に見た場合に、乳児がロボットの視線を追従したと判断された。結果を簡単に述べると、ロボットに顔がある場合や随伴的に応答する場合に、より多く、ロボットの視線を追従したことがわかった。すなわち、乳児の視線追従行動を誘発するためには、顔という形態的要素と、随伴的な応答というコミュニカティヴな要素が重要であることが示されたのである。

4 ロボットは話し相手になれるか

有田と開は、ロボットを用いて大変興味深い研究をおこなっている。[22] この研究の元になった巧妙な研究があり、レガーシティーというカナダの研究者によっておこなわれたものである。[23] レガーシティーは、馴化法を用いて、人が語りかけの対象になっても驚かないが、モップが話しかけの対象となると驚くことを示した。すなわち、乳児は、人をコミュニケーションの対象として捉えていることがわかった。この実験は次のような手続きでおこなわれた。前方に人が立っており、右側にカーテンが下がっている。立っている人は、カーテンの向こう側にいる、もしくは存在するものに対して、しきりに話しかけている。これが馴化刺激である。実際には、カーテンの向こう側には、人がいたりモップを置いてあったりする。テスト刺激は、カーテンを開けて見せることであった。カーテンを開くと、実験者である人が一所懸命コミュニケーションを取ろうとしていた対象が、それが人であったかモップであったかがわかるのである。そのときの乳児の注視時間を計測したところ、カーテンの向こう側が人であった場合よりも、モップであった場合のほうが、注視時間が長くなった。先にも述べたが、乳児は新奇な事象や期待していない事象に対して注視時間が長くなることが知られている。この場合は、人がモップに対して話しかけることはおかしなことであり、人が人に話しかけることは当然のことと考えたのである。

有田らは、このパラダイムを用いて、ロボットは乳児にとってどのような対象となるかを検討した。すなわち、カーテンの背後に、ヒューマノイドロボットを置き、人が話しかけた後、カーテンを開けたのである。開らが工夫したのは、先行刺激として、ロボットが人に対してきわめてコミュニカティヴに振舞う場合と、人がいくら話しかけても応答しないロボットの場合、つまり全くロボットが人に対してコミュニカティヴではない場合を、あらかじめ対象児に見せておいたことである。この先行刺激によって結果に差が出れば、たとえ人とは見かけが異なっていても、コミュニカティヴなロボットであれば話しかけの対象になると乳児が判断したといえるのである。結果は、彼らが予測した通りであった。ロボットが人とコミュニケーションを取っている場面を見せられた乳児は、カーテンの向こうにいたのがロボットであっても注視時間は長くならなかった。つまり、そのロボットを話しかけの対象として認識していた。しかしながら、コミュニカティヴではないロボットを見せられた乳児は、カーテンを開けたときにそこにロボットがいた場合には、注視時間が長くなったのである。すなわち、ロボットがコミュニカティヴであるか否かが、乳児の判断に大きな影響を与えたわけである。逆に言えば、見かけが人とは異なるロボットであっても、コミュニカティヴであるという印象を与えれば、それは人が語りかける対象としては十分だと乳児は判断したのである。大変興味深い研究である。

5 ロボットの目標志向性

先述したガーガリーらの研究のように、乳児は、コンピュータによって生成されたアニメーションにも目標志向性を付与する傾向のあることがわかっている。それでは、実際のエージェントに対してもガーガリーらの結果と同じことが起こるのだろうか。亀割らは、このことを人とヒューマノイドロボットを刺激として検討した。[24] 用いた手続きは、ガーガリーたちのアニメーション刺激を用いた実験に準じている。対象としたのは六ヶ月半の乳児であった。基本的な手続きは次の通りだった。まず、馴化刺激として、通路をエージェントである人、もしくはヒューマノイドロボット（ATR知能情報ロボティクス研究所のロボビー）が、移動する。その際に、実験群（一一八ページ参照）の刺激では、通路には障害物があり、エージェントは、その障害物を回避して目的地に到達する。また、統制群（一一八ページ参照）では、実験群で障害物となった箱が、部屋の端に置かれているので、エージェントはそれを回避する必要はないが、実験群の移動と同じ経路をたどって目的地に到達する。テスト刺激は、障害物の箱が取り除かれた状況で、エージェントが、通路を馴化段階と同じように、通路の途中で障害物を回避するかのように移動して目的地に到達する場合と、まっすぐに移動して目的地に到達する場合の二種類が用意された。なお、これらの刺激はすべてビデオで作成されたものである。

亀割らの実験では、ロボットでもガーガリーらがアニメーション刺激で示した結果と同様の結果が得られた。乳児は、障害物がないにもかかわらず、遠回りをして進行するロボットを非合理的な存在として捉えたのである。すなわち、乳児は、ロボットにも目標志向性を付与したのである。

6 ロボットの行為を模倣する

さて、ヒトは五、六歳を過ぎるころから、明らかな形で他者に心的状態を帰属させるのであるが、では、その萌芽は、いつから見られるだろうか。また、どのような対象に対してそのようなことをするのだろうか。乳幼児は、たとえば、ヒトに対してのみ心的状態の帰属をおこなうのだろうか。心的状態の帰属などという難しいことばを使ってはいるが、端的にいうと、心を持っていると思うかということである。心を構成する要素として、「意図」が挙げられる。意図とは、(1)考えていること。おもわく。つもり。(2)おこなおうとめざしていること。また、その目的。以上が、『広辞苑』による定義である。別の言い方をすると、意図とは、プランニングを含んだ目標のことであるといっていいかもしれない。さて、ガーガリーたちが、乳児の意図理解に関する大変面白い実験をおこなっている。[25]彼らは、模倣という子どもに備わっている傾性を用いて、実に冴え渡った実験をおこなっている。以下、簡単に紹介することにする。用意されたものは、全体を押すことによって点灯する半円球型のランプであった。対象児には、そのランプが、手で全体を押さえることによってスイッチが入り、点灯することが示された。実験は、基本的には模倣場面であるが、次の二つの条件が設定された。二条件とも、大人であるモデルが手の代わりに頭でランプを押さえるのだが、一つは両手が使えるのにもかかわらず、頭で押さえる条件、もう一つは、寒くて体に毛布を巻いており両手が使えない状況で、仕方なく頭で押さえる条件であった。この両条件で、乳児はどのような模倣パターンを示すかが分析された。結果は、以下の通りであった。前者の条件では、乳児は頭で押すことをまねしたが、後者では、頭で押さないで、手で押したのである。ガーガリーたちは、これらの結果を次のように解釈した。両手が使えるにもかかわらず、モデルが頭でランプのスイッチを入れる条件では、乳児は頭で押さえるという行動に特別な意味を見出し、それをまねする。しかしながら、モデルの両手が毛布に包まれて使えない状況では、そのモデルは手が使えないから頭で押したのであり、モデルの目的はスイッチを押してランプを点灯させることにあると解釈し、そのことは手でスイッチを入れても変わるものではないと考えた。したがって、モデルの行動とは異なって、手でランプを押したのである。実にスマートな実験ではないか。私は、『ネイチャー（*Nature*）』に掲載されたこの論文を最初に読んだときは少なからず感動したものだ。乳児を対象とした実験は、その指標が限られている。したがって、ロジックが大変重要となる。この実験は、ロジックをきちんと立てておこなわれた実験の良い例であろう。

さて、次にまたまた模倣を利用したメルツォフ[26]の実験の一部を紹介することにしよう。メルツォフは、行為再現課題（Reenactment of goal paradigm）という巧妙な方法を用いて、一八ヶ月児が、モデルの意図を読み取って模倣をおこなうこと、また、人のモデルでなければ、そのような行動は見られないことを報告した。図3-3の上段を参照してほしい。大人のモデルがダンベルのようなおもちゃを二

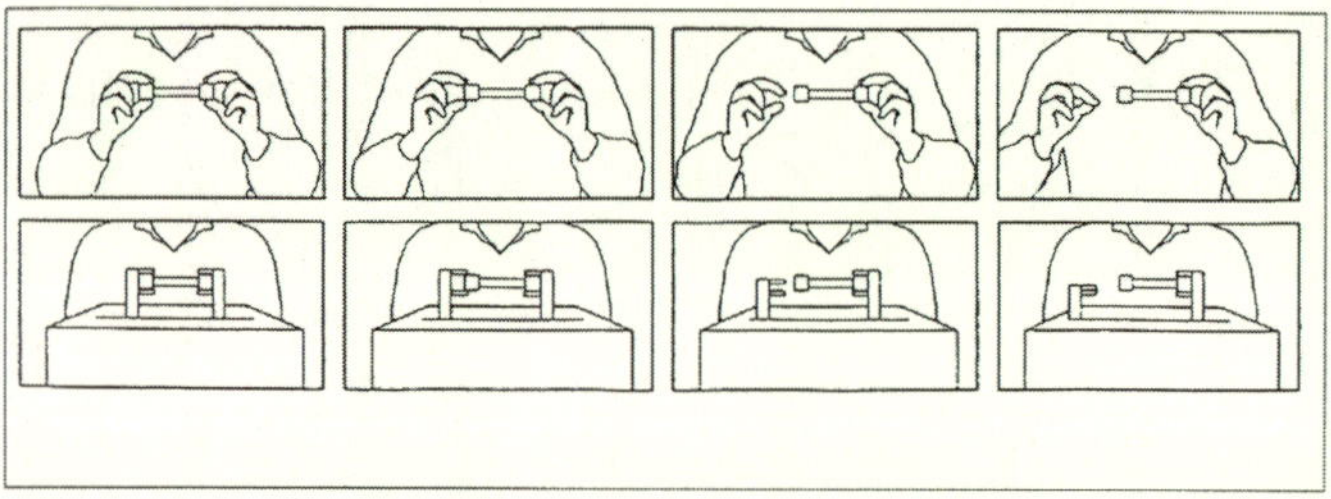

図3-3●メルツォフの実験に用いられた刺激

つに分けようとしているが、失敗してしまう（時間経過は左から右）。一八ヶ月児は、最終的なダンベルの状態、この場合は、ダンベルが二つに分かれることであるが、その状態を見なくても、モデルがダンベルをはずそうとする意図を読み取って、最後まで「二つに分ける」という行為を遂行するのだ。しかしながら、下段に示されているように、メカニカルピンサーと呼ばれる機械の腕のようなものが同じような動作をしても、一八ヶ月児はその行為を完遂しない。メルツォフは、一八ヶ月児は、人のモデルにしか意図の付与はしないのだと結論した。しかしながら、図を見てわかるように、メカニカルピンサーは、機械の腕のようなもので、それが当然ながら機械的に動くだけである。ヒューマノイドロボットのように顔や目や腕や胴体があり、自律的に動くものに対してはどうだろうか。私の関心はそこにあった。

まず私たちの実験の話をする前に、関連する先行研究を紹介しよう。これは、先述した、ジョンソンらがおこなったものである。(27) ジョンソンらは、オランウータンのきぐるみを着た人間をモデルとして、先に紹介したメルツォフの実験の追試をおこなった。まず、オランウータンのきぐるみを着た実験者（何の工夫もない名前だが、「ウータン」という名前がつけられたようである）が、対象となった乳児とコミュニケーションを取った。声をかけたり、物を介したやりとりをおこなったりして、そのウータンがコミュニカティヴな存在であることを印象付けた。用いた対象物や方法はメルツォフと同様であった。その結果、乳児は、ヒトではないエージェント（彼らは、この、見かけがヒトではないウータンをノンヒューマン・エージェントと呼んでいる）にも意図を想定し、失敗した行為を見せられても、そのままそれをまねするのではなく、失敗せずに最後まで完遂した。すなわち、メルツォフが得た結果と同様の結果を得たのである。しかしながら、ウータンは、きぐるみではあっても動きやコミュニケーションのタイミングは、人間そのものである。それを果たして、ノンヒューマン・エージェントと呼んでもいいのだろうか。ウータンとロボットでは大きな違いがあるように思われる。

そこで私たちは、ヒト型ロボットを用いて、同様の実験を企てた。対象は二〜三歳児である。図3−4が、実験に使用したロボット、ロボビーである。ロボビーは、ATR知能ロボティクス研究所で制作された。人とのコミュニケーション機能に重点を置いて作られた、ヒューマノイドロボットである。高さ一二〇センチメートル、半径五〇センチメートル、重さはおよそ四〇キログラムと、人間の大人よりはひとまわり以上小さサイズである。頭の部分を回転させることができ、また、腕もかなり自由に動かすことができる。そして、コミュニケーションに必要なさまざまな機能が搭載されている。ロボビーが注視する方向は、目の部分に入っている両眼ステレオカメラを制御することによって変えることができる。この目の部分には、三六〇度すべてを感受できる全方位視覚センサが搭載されている。耳としては、ステレオマイクロホン。そして、全身を覆うようにして接触センサが搭載されている。つまり、視覚、聴覚、触覚を使って人とコミュニケーションをとることのできるロボットというわけである。

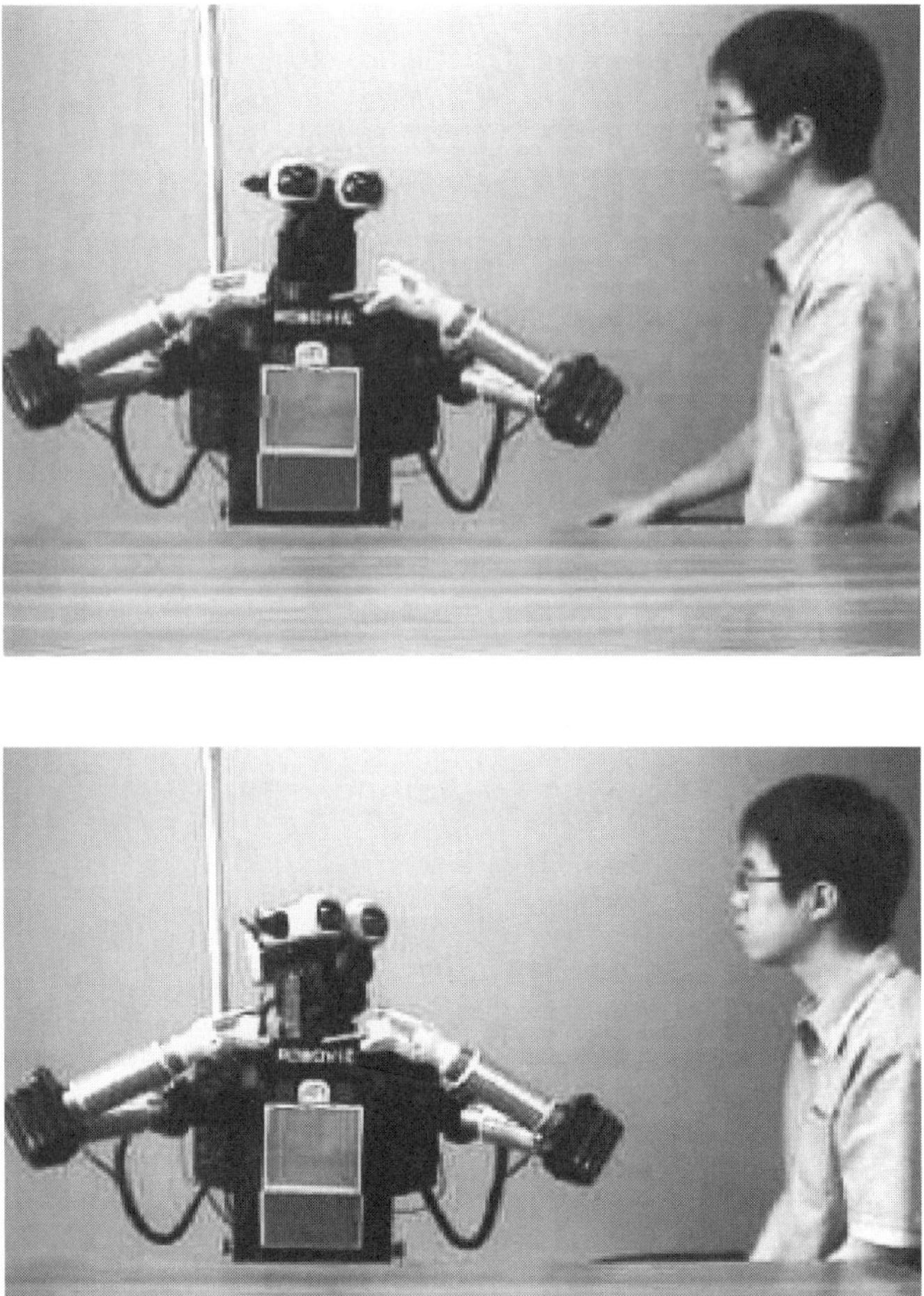

図3-4●実験に用いられたロボビーの刺激

このロボビーを用いておこなわれた実験は、基本的には先述のメルツォフのパラダイムと同じである。ダンベルなどに対するロボットの行為をすべてビデオに記録し、それを実験に用いるモデルとした。このビデオ刺激を提示し、被験児が、モデルであるロボットのした行為を、ビデオを見た後に完遂するかどうかを調べたわけである。実際に目の前でやって見せるのと、記録したビデオを見せるのとでは、被験児への効果が異なるのではないかとの懸念もあったが、すでに先行研究で、ビデオ刺激からも子どもが模倣をすることが確かめられていた。そこで、ビデオによる実験をおこなうこととした。被験児に提示したビデオは、それぞれ次のようなシークエンスからなる四種類である。(1)成功デモンストレーション＋視線あり条件：ロボットがとなりにいるパートナー（ヒト）の顔を見る―物体を受け取る―行為を完遂する―再びパートナーの顔を見る、(2)成功デモンストレーション＋視線なし条件：ロボットはまっすぐ前を向いたまま物体を受け取り、行為を完遂する、(3)失敗デモンストレーション＋視線あり条件：ロボットがとなりにいるパートナー（ヒト）の顔を見る―物体を受け取る―行為を完遂しようとするが失敗する―再びパートナーの顔を見る、(4)失敗デモンストレーション＋視線なし条件：ロボットはまっすぐ前を向いたまま物体を受け取り、行為を完遂しようとするが失敗する。ロボビーがやろうとしている行為には、ダンベルのような造りのおもちゃを二つに分けるもの、ビーズをマグカップに入れるもの、髪留めの輪を棒にかけるもの、という三種類があった（図3-5参照）。上記のようにロボビーがターゲットとなる行為に成功、あるいは失敗するビデオを見せる条

図3-5●ロボビーが使用した刺激のサンプル

件のほかに、ビデオを見せない統制条件も、設定しておいた。統制条件では、ビデオ刺激を提示することなしに、単に物を被験児に渡し、ターゲットとなる行為が自発的に出現する頻度を記録した。

ロボビーをモデルとした実験の結果は、以下のようになった。まず、統制条件（モデルの行為を見ない条件）では、ターゲットとなる行為はほとんど記録されなかった。ただ対象物を渡しただけでは、子どもたちは、ダンベルを二つに分けたり、ビーズをカップに入れたりはしなかったということである。では、モデルの行為を見た後で物を渡された、テスト条件ではどうだっただろうか。成功デモンストレーション条件では、ロボットがパートナーや物体に視線を向けてられようが、まっすぐに前を向いたままであろうが、被験児はいずれの条件でもロボットの見せた行為を完遂した。しかしながら、失敗デモンストレーションでは、興味深い違いが現れた。被験児は、ロボットの視線がパートナーや物体に向かっているときは、ロボットがしようとして失敗した行為を完遂したが、ロボットがまっすぐに前を見たままのときには、完遂しなかったのである。つまり、被験児は、ロボビーの視線からロボビーがコミュニケーション可能であることを顕著に認めたとき、メルツォフの解釈でいう、意図を読み取るのである。そして、モデルであるロボットが失敗したが意図していた行為を、自分で完遂する。ここで大事なことは、ロボットの動きのなかに、意図が読み取れるようなわかりやすい要素が含まれていた、ということである。この要素が含まれていれば、二〜三歳児は、ヒト以外のエージェントにも意図を見出しうるのだ。もちろん、モデルがヒトであったときとの違いは無視できない。ヒトがモデルとなったメルツォフの実験では、モデルがまっすぐ前を見たまま、ターゲットとなる行為の失敗を示した場合も、被験児はちゃんとその行為を完遂していた。しかしながら、ロボットがモデルになると、モデルがパートナーに視線を送らない場合は、行為の完遂はあまり見られなかったのである。実際に、ロボットがターゲットの行為に取り組む様子を見ていると、あたかも、視線を交わさないロボットだけが無表情であるかのように見える。これは決して、私だけの感想ではなかった。

7 ロボットの誤信念課題

他者の心的状態を推測する「心の理論」を獲得できるのは、ヒトの子どもでは、五〜六歳ころだとされている。この「心の理論」の獲得については、ウインマーとパーナーが、誤信念課題を用いた研究を数多くおこなって報告している(11)。では、ヒトの幼児が他者に誤信念を帰属するのは、ヒトに対してだけなのだろうか。ロボットという自律的に動くエージェントについて、幼児はどのような理解をもっているのだろうか。

筆者らは、ヒト型ロボット、先述のロボビーを用いて、就学前の幼児（四〜六歳児）が、このようなエージェントの心的状態を推測するかどうかを調べた。実験は、標準的な誤信念課題を用いておこなわれた。以下、手続きを紹介する。まず、刺激ビデオを被験児に提示し、その後、いくつかの質問をおこなう。提示された刺激ビデオには、ロボビー・バージョンと、ヒト・バージョンが用意されていた。

たとえば、ロボビー・バージョンの刺激ビデオでは、(1)ロボビーがおもちゃのぬいぐるみを持って部屋に入ってくる、(2)部屋の机には青い箱と赤い箱が置いてあり、ロボビーはぬいぐるみを赤い箱の中に隠して部屋を出ていく、(3)その様子を覗い見ていた人が、部屋に入ってきて、赤い箱の中のぬいぐるみを青い箱に移し替えて出ていく、(4)ロボビーが再び部屋に戻ってくる。ここで、ビデオの映像は停止される。その後、実験者から被験児に、四つの質問が発せられた。内容は、(1)戻ってきたロボビーがどちらの箱を探すかを問う予測質問、(2)ロボビーが、どちらに入っていると思っているかを問う表象質問、(3)ぬいぐるみは最初どちらの箱に入っていたかを問う記憶質問、(4)今、ぬいぐるみがどこに入っているかを問う現実質問、である。ヒト・バージョン刺激でも、まったく同じように、人がぬいぐるみを隠して出ていく一連の映像を提示した後、同様の質問をおこなった。結果をまとめると、以下の通りである。現実質問と記憶質問のいずれに対しても、ロボット条件、ヒト条件の両方で、ほとんどの被験児が正答した。また、予測質問でも、七〇%の被験児が正答していた。しかも、ロボット条件、人間条件では差はなかったのである。しかしながら、表象質問では、ロボット条件よりも人間条件のほうで、正答者が多かった。すなわち、「思う」といったような心理動詞（mental verb）を使用して質問をした場合、幼児は、ロボットと人間に対して異なる反応を示したのである。このことから、幼児が、ロボットには心理動詞を帰属させない可能性のあることがわかった。幼児は、「行動が予測できる」ということと「そのように考えて行動する」ということを、相手が人の場合では容易に連合できるが、ロボットでは連合しにくいのかもしれない。

8 アンドロイドサイエンス

これまでは、人に比較的類似した、いわゆるヒューマノイドロボットを用いた研究を紹介してきた。ヒューマノイドロボットは、比較的自由度の高い腕を持ち、顔には目のようなものがついている（図3−4参照）。また、自律的に移動することができる。しかしながら、私たちはさらに進んだロボットを持つに至った。それがアンドロイドである。〝進んだ〟という表現が適切かどうかはわからないが、ヒューマノイドロボットよりも格段にハイテクであり、製作に手がかかることは間違いない。アンドロイドは、見かけが人とそっくりのロボットである。そっくりというよりも、酷似しているといったほうがより正確な気がする。大阪大学の石黒研究室で製作されたアンドロイドは、まさに科学の粋を集めたようだ。モデルとなった実際の人から型を取り、何から何までそっくりに作る。石黒らが最初に製作した子ども型のアンドロイドは、石黒さんのお嬢さんがモデルになったことはあまりにも有名である。これからは、ヒューマノイドロボットとともに、アンドロイドを使った有効な認知科学的実験が期待される。私たちは、この領域をアンドロイドサイエンスと呼ぶことにする。石黒によるとアンドロイドサイエンスとは、見かけと動作の問題を足がかりにして、コミュニケーションの本質に迫ろうとする研究領域のことだという。

アンドロイドサイエンスは、私の提唱するディベロップメンタルサイバネティクス（後述）にも大いに関係がある。アンドロイドサイエンスには、さまざまな可能性が広がっている。しかしながら、発達認知科学とロボット工学の研究者が共通基盤に立った認識を共有し、実質的なコラボレーションをおこなっている研究機関は、極めて稀な存在である。アンドロイドを開発している研究機関がほとんどないというのがその理由であろうが、こうした機会をうまく活用すれば、まったく新しい枠組みを備えた研究領域が可能となる。幸運にも、私は大阪大学の石黒さんと共同研究をする機会に恵まれた。このチャンスを十分に活かしたいと思う。

アンドロイドサイエンスは、アンドロイドと言いながらも実はヒューマンサイエンスなのである。すなわち、アンドロイド開発という工学的な実現とともに、人間理解に対する強い希求の念がそこにはある。アンドロイドが人間の日常にどのように拡がっていくか、どのように人間世界に寄与できるのか、といったことと同程度に、「人間とは何か」という大きな問いかけが常に発せられる。こうし

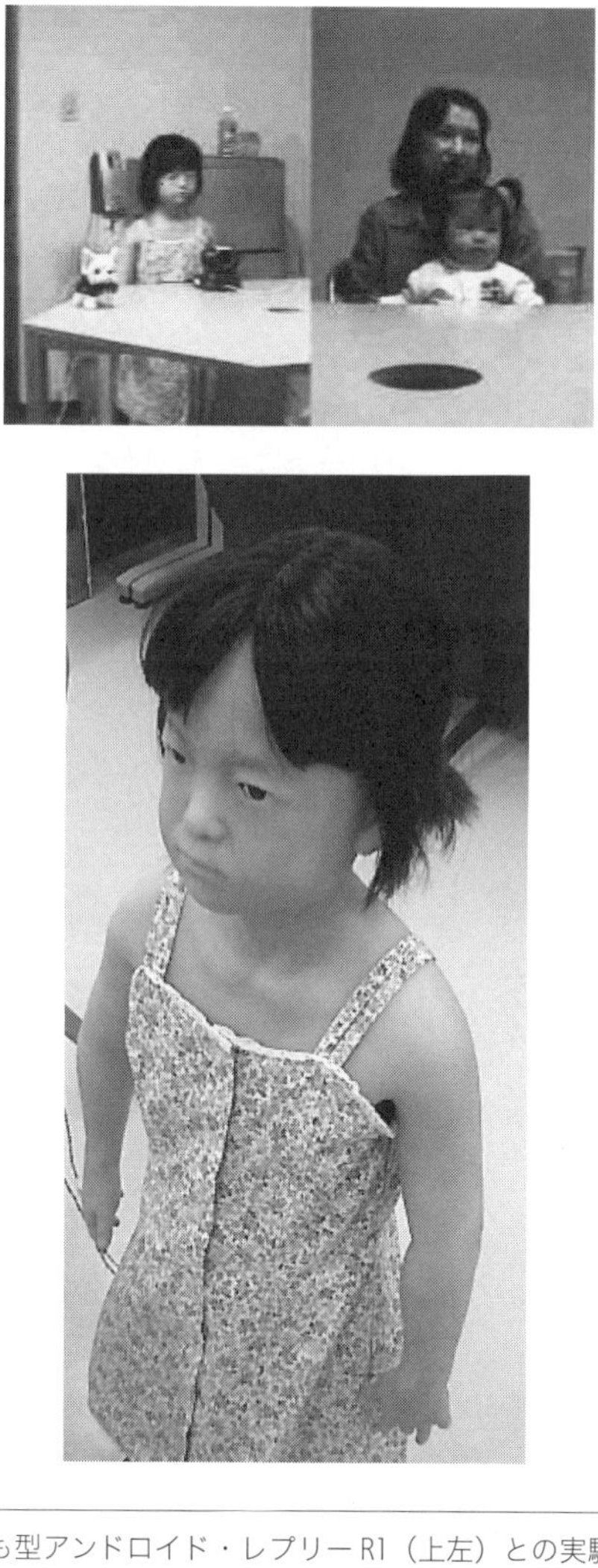

図3-6●子ども型アンドロイド・レプリーR1（上左）との実験場面（上右）。
下はレプリーR1のアップ（大阪大学石黒研究室提供）。

たことを包含して、アンドロイドサイエンスが、研究課題として取り組まねばならないものとして、(1)アンドロイドと人の差異および類似性、(2)アンドロイドと他のノンヒューマン・エージェントとの差異および類似性、(3)人間のコミュニケーションの本質、(4)アンドロイドの日常生活への普及の可能性、(5)アンドロイドの倫理的基盤などが考えられる。

こうした問題に回答を与えるためには、工学の分野だけでは難しい。さまざまな研究領域との有機的な融合があって初めてアンドロイドサイエンスとしての第一歩を踏み出せるのである。

9 アンドロイドサイエンスと他領域の融合

アンドロイドサイエンスは、人間科学としてのベースを持っている。そうである以上、人間に係わる研究領域は、すべてアンドロイドサイエンスの隣接領域だと考えられる。すなわち、心理学、認知科学、社会学、脳科学など多くの領域との融合研究が期待されるのである。

心理学や認知科学とアンドロイドサイエンスとの融合をおこなうとき、人間の特殊性を描き出すツールとしてアンドロイドは使用される。実際に、これまでに述べた通り、私たち心理学者は、乳児から見たアンドロイドの評価、成人から見たアンドロイドの評価実験など、さまざまな形でこのテーマに取り組んできた。また、脳科学からは、「社会脳（social brain）」という概念に代表されるように、社会的認知、いわゆる「心の理論」に対するアプローチが盛んになり始めており、アンドロイドサイエンスとの融合がはかられている。アンドロイドを用いることで、社会的認知における複雑なパラメータは、用意に操作できる。社会的認知に必要な要因としての情報を、行動学的研究によって特定し、それを各種イメージングの装置と組み合わせれば、その情報を処理している間の脳内活動を計測することをも可能になる。また、今後アンドロイドは社会的に受け入れられるのか、また受け入れられるとしたら人がそれを受け入れる要因は何か、またそのプロセスはどのようなものか。こうしたことの解明は、社会学との融合無しには考えにくい。

人間型ロボットがそうであるように、アンドロイドは、新しい情報メディアとして、情報工学と機械工学、そして社会学などとの接点において研究されるべきものである。人間は、対話の相手を擬人化することによって、対話する。故に、人間と酷似したアンドロイドは、工学的視点からは、理想的なメディアとして研究対象になる可能性がある。また、アンドロイドの開発そのものも、既存の工学研究とさまざまな研究との融合領域を生む。特に、柔らかく高感度な皮膚の開発には、材料工学、センサ工学とロボット工学の融合は必要不可欠である。

研究は、新しい領域が生まれるときに大きく進化していく。アンドロイドサイエンスは、まさに、その一つのきっかけになると考えられる。

10 アンドロイドを用いた実験

「考える目」の実験

ここでアンドロイドを用いた実験をいくつか紹介しよう。まず、最初に紹介するのは、私たちが「考える目」の実験と呼ぶものである。

コミュニケーションは、「情報の伝達」を含む相互作用的な行為である。ヒトの対面場面におけるコミュニケーションは、ほとんどの場合、視線の交錯から始まると考えてもいいだろう。お互いに向かい合って、目を見ながら会話が始まる。適度に視線を交わしながら、また適度に視線をはずしながら、コミュニケーションは展開されていく。古典的な社会心理学の実験でも視線の重要性が示されている。ある実験では、「サクラ」が被験者と対面して会話をおこなう場面が設定された。この「サクラ」には、二種類あって、一つは相手の目を適度に見つめるサクラ、もう一つは、相手の目を見つめる頻度が極端に少ないサクラであった。一定時間の会話を終了した後、被験者に、相手の印象評定をしてもらったところ、後者のサクラに対しては、印象がきわめて悪かったという。じっと相手の目を見たまま、視線をはずさず会話するのも、不自然ではあるが、全く相手を見ないとこれまた大変不自然な状況なのである。視線の交錯（アイコンタクト）は、バランスの取れた自然なコミュニケーションを遂行するために重要な役割を果たしている。このことは誰もが経験的に知っていることであろう。

人が何かを考えている際に、視線が移動することが古くから言われてきた。たとえば、ラテラル・アイ・ムーブメント（Lateral eye movement：LEM）という現象が報告されている。これは被験者に、ある課題を与えて、それを解決しているときに生じる眼球の動きを記録するものである。非常に簡単に結果を述べると、課題が空間的な処理を必要とする場合には、眼球は右に動き、課題が言語的なものである場合には、眼球は左に動くという。すなわち、この眼球の動きは、脳の活動を反映したものであり、大脳半球の機能差によるものだと考えられている。最近のこの研究の動向はフォローしていないので、その後どうなったかはわからない。

視線の動きの機能的意味づけには、いくつか想定するメカニズムによって捉えられ方が異なるが、ここでは、私たちの実験を下に、「社会的信号説」ついて、記述してみよう。先に述べたように、視線は、会話を調節する機能を持ち合わせている。一般に、視線と心的状態の関係は、誰もが認めるところであり、相互交渉中の眼球の動きを説明するための理論として、「覚醒説（Arousal Theory）」や、「異皮質活動説（Differential Cortical Activation Theory）」がある。前者は、思考中にアイコンタクトを回避し、覚醒水準を下げて課題解決に集中することである。後者は、大脳皮質の機能差により、思考課題によって誘発される脳活動と視線の移動方向が特異的な関係を持つというものである。マッカーシーらは、前者の二つの理論では、これまで数多く報告されている脳活動と視線の関係の一貫しない結果を説明しきれないとして、新たに社会信号説(Social Signal Theory)」を提唱した(28)。マッカーシーらは、先行研究によって、カナダ人の被験者が対面場面での思考課題中に、視線が右上方に動くのに対し、思考を要さない知識を問われる質問に対しては、視線の動きのバイアスはなかったことを報告している。

私たちは、日本人を対象に、同様の実験をおこなった。実験者が、自然にアイコンタクトがとれる距離で参加者と向かい合い、アイコンタクトを取ったのち、二つのタイプの質問を与える。一つは、知識質問(know question)と呼ばれるもので、特別に思考の必要はなく、すでに知識として持っているであろうと思われる質問である。たとえば、「あなたは何歳ですか」といった具合である。もう一つは、思考質問(think question)と呼ばれるもので、回答を導くために、思考を要するものである。たとえば、「時速六〇キロメートルで走行する車が、一時間半走ったら、何キロメートル進みますか」といったような質問である。このときのアイコンタクトの長さや、視線の移動方向を計測した。移動方向は、八方向に分類された。この結果、日本人では、知識質問、思考質問いずれの条件でも、参加者の目は下方に移動した。しかしながら、アイコンタクトの長さを計測してみると、明らかに、知識質問のほうが長かった。これは、カナダ人のデータとも一致するものである。思考する際には、相手から視線をはずすということは日本人、カナダ人においても共通のことであると思われる。ただし、視線をはずす方向が両者では異なっていた。こうした文化差のようなものが認められるということも、社会的信号仮説を指示するのかもしれない。

さて、ここからがアンドロイドサイエンスである。以上述べてきたような実験を、アンドロイドを用いておこなった。[29] 対象となったのは、成人だった。アンドロイドは、先に紹介した大阪大学の石黒研究室と株式会社ココロで製作された、成人女性型アンドロイドのレプリーQ2であった（図3-7）。レプリーQ2は、身体の動きに四二の自由度を持ち、表情や指の動きも可能である。このため、私たちの想像以上の社会的交渉が可能となっている。手続きは、基本的には人の実験に準じた。レプリーQ2と被験者は、向かい合って座り、レプリーQ2から一〇個の知識質問と一〇個の思考質問が与えられた。これらの質問については、先述したものを参考にして欲しい。質問文については、女性の声であらかじめ録音されており、アンドロイドのうごきは、それに合わせて可能な限り自然にふるまうようにプログラムされた。結果は、アンドロイドに対しては、人に対する反応と類似した反応がみられた。すなわち、知識質問よりも、思考質問に対するほうが視線をはずす時間が長くなった。ということは、知識質問のほうがアイコンタクトの時間が長かったことになり、先の結果と同じである。嶋田らは、同時にヒューマノイド・ロボットを用いた実験もおこなった。この実験では、被験者が視線をはずす方向（眼球の動き方向）が、相手がロボットのときと、人およびアンドロイドのときとでは異なっていた。ロボットに対しては、被験者が下方向に視線を向けるのに対し、アンドロイドと人に

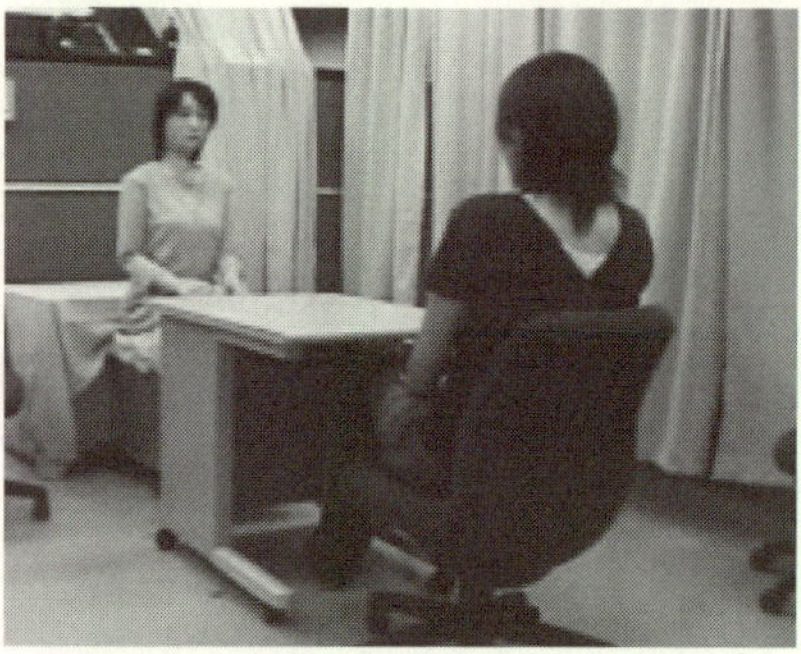

図3-7●「考える目」の実験場面（上）。向こうがレプリーQ2。下はレプリーQ2のアップ（大阪大学石黒研究室提供）。

対しては、被験者は左方向に視線を向けることが示された。つまり、アンドロイドは、この課題に関する限り、ロボットよりも人に近かったのである。ただし、この結果は、マッカーシーらの結果と若干異なる。どちらに視線が動くかに関しては、まだ統一的な見解が得られていない。今後は、被験者の社会性や相手との社会的関係などを想定して、精緻な実験をする必要がある。また、今回の被験者は大人であったが、もちろんこれは、ある程度の年齢の子どもにならば適用可能である。子どもにも同じパラダイムを適用して、発達過程も検討してみたい。

人のようなアンドロイドの動きに対する評価実験

アンドロイドは、見かけは人に酷似しているが、それだけでスムースなコミュニケーションが可能だとは思われない。私たち人には、肩の揺れや呼吸のときの胸の動き、瞬きなど、意識していない動きがたくさんあり、それがないとかえって、見かけとのアンバランスさが浮かび上がって、不自然な感じがする。野間らは、アンドロイドを用いて、より人間らしいコミュニケーションが可能であると思われる条件を探った(30)。人の知性を規定しているものの中に、いかにうまくコミュニケーションを取るかということも含まれているは当然だが、それは、これまでのロボット工学では、あまり扱われてこなかった問題の一つである。人とリッチなコミュニケーションを取るためのロボットをどのように構築すればいいかということは、ロボット工学者にとっては大きな問題である。野間らは、先述したレプリーQ2に、どのような振る舞いを組み込めば、ロボットであるとの判断を免れるかを検討した。これは、アンドロイドの人らしさを、その微妙な動きによって判断しようというものであり、後述するトータル・チューリングテストの一つである。

実験方法は、次の通りであった。まず、人らしい微妙な動きを特定するために、人が座ってあまり動かない状態で、その行動をビデオに記録し分析した。その結果、おもな行動として、一二個の身体の動きを見出すことができた。眉、目、まぶた、口、頬、首、肩、胸、腰、背中、手や指の動きなどであった。その中から、すべての被観察者で頻繁に見られた、目、まぶた、首、そして胸の四つの動きを取り上げた。すなわち、これが座っているときの人の動きの典型的な動きと考えられる。トータル・チューリングテストは、以下の三つの条件でおこなわれた。まったく動かないアンドロイドを被験者に見せる条件、動きを入れたアンドロイドを被験者に見せる条件、実際の人を見せる条件で、見せる時間は、一秒または二秒であった。被験者は、こうした呈示の後、それが人であるかロボットであるかの判断が求められた。実験者は、被験者に別の課題を用意していると伝え、実際の目的がわからないようにした。また、ダミーの質問として、呈示された対象の年齢を聞いた。結果を概略する。一秒間の呈示では、まったく動かないレプリーQ2は、ロボットと判断され、動くそれは、人と判断された。二秒間でも同じ傾向が見られた。これは当然な結果であろう。実際の人は、これも当然ながら人と判断されたが、面白いことに、若干ロボットと判断する被験者がいたことだ。さらに次の分析では、ここで取り上げた四つのそれぞれのどの動きが、より人間らしいかを検討したところ、瞬きが一番人らしさを規定することがわかった。続いて、目の動き、首の動き、胸の動きの順であった。さらに、好ましさの程度を質問紙により検討したところ、やはり、瞬きをするアンドロイドが最も好まれ、続いて、首の動き、目の動き、そして胸の動きの順であった。いずれにせよ、瞬きというのが最も大きな要因であることがわかった。

以上、トータル・チューリングテストとして、人間の身体の微妙な動きをアンドロイドに組み込んで、人間であるかロボットであるかを判断させたところ、動きのあるほうがより人に近い印象を引き出し、さらに瞬きが最も重要な要素となることがわかった。私たちは、人を見るとき、無自覚的にその人の顔を見てしまう。そして、顔の中でも目は最も注意を誘発する部位である。しかも、瞬きは目の領域の中でも最も顕著性の高い動きなのであろう。このような、微妙な振る舞いを特定することによって、どのような動きがスムースなインタラクションを導き出すかを調べることができるし、それをヒューマノイドロボットに組み込むことも可能かもしれない。このようなことが、アンドロイドサイエンスの範疇として実際に開始されたことである。

11 不気味の谷から考える人間

石黒さんと私は、ロボットを扱った一連の実験の中で、このようなトータル・チューリングテストというものを標榜している。チューリングテストとは、コンピュータと人間が対話するとき、コンピュータがどこまで人間に近い応答をしているかを試すものだ。これをアンドロイドに応用して、姿形や動作まで含めて（つまりトータルに）テストを試みるのがトータル・チューリングテストである。ある意味では、赤ちゃんも、実にナイーブなチューリング・マシンといえるかもしれない。

さて、トータル・チューリングテストを目指す過程で問題となるのが、「不気味の谷」というものの存在である。

「不気味の谷」は、一九七〇年代に森政弘東京工業大学教授（当時）らによって提唱された仮説である。横軸に、ロボットがどれほど人間に似ているかという尺度、縦軸に親近感をとってある。ロボットの形態が人間に近ければ近いほど、そのロボットに対する親近感は高くなる。ところが、横軸をずっと右に進み、ロボットの人間に対する類似度が非常に大きくなると、逆に、親近感がガクンと落ちる。その谷を、不気味の谷と呼ぶのである。まさに絶妙のネーミングだと私は思う。この「不気味の谷」では、人は、ロボットを「動く死体」を見るかのように見ているのだと、森らはいう。アンド

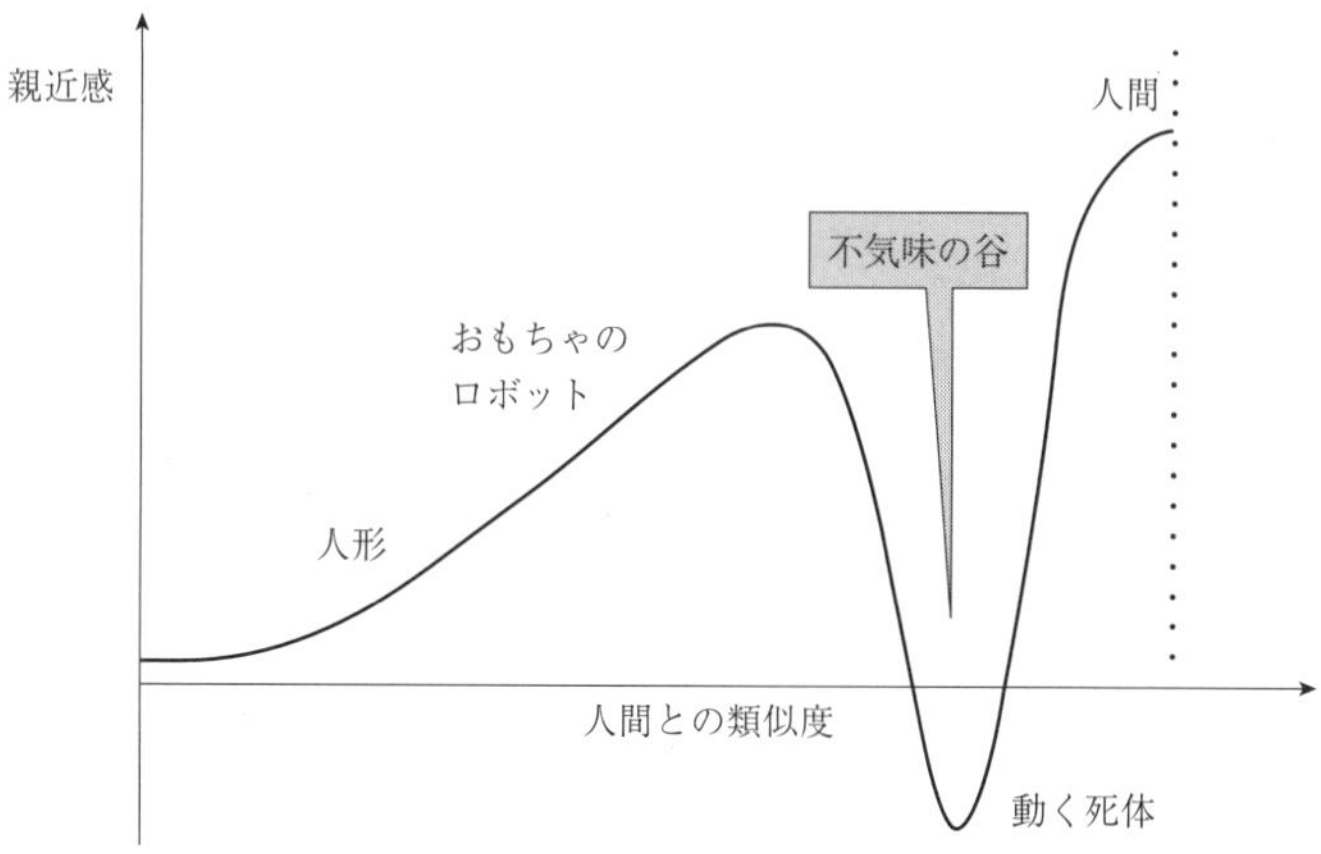

図3-8●不気味の谷の図

ロイドも、非常に人間に似ているが、姿形が不完全であったり、動作が十分でなかったりして、何かが微妙に違う、というようなレベルに達すると、この不気味の谷に陥る。しかし、逆に言えば、姿形を完璧に人間に近づける、また人間らしい動作を与えることで、この不気味の谷を超えることができるかもしれないということである。

では、不気味の谷を構成している要素とは、何だろうか。見かけと動作や表情とのアンバランスが不気味さの要因となっていることは、ほぼ間違いないだろう。人にそっくりな見かけに、それ相応の動作や表情が伴わない場合に、不気味さを強く感じるのかもしれない。しかし、それだけではないような気がする。まだうまくいえないが、不気味の谷は、おそらく、ただ単にそんな食い違いだけで生じる現象ではない。これは、今後の課題だ。

さて、この「不気味の谷」は、ロボットの形態の人への類似度と、親近感との関係を示したものだった。ところが、石黒さんは、各種ロボットに関するイベント会場でロボットを見る人々を観察し、そこから、ロボットに対する親近感とそれを見る人の年齢との間に、まさに「不気味の谷」と同じような曲線を描けるのではないかという。つまり、石黒さんによる予備的観察結果によれば、アンドロイドの見かけに関して、幼児は不気味の谷の谷底にいるが、乳児、児童、大人は、幼児ほどには負の親近感を覚えないようなのだ。したがって、同一のアンドロイドを用いて、横軸に年齢変化をとったグラフを描いてみれば、ある年齢で現れる不気味の谷、いわば「もう一つの不気味の谷」が存在する

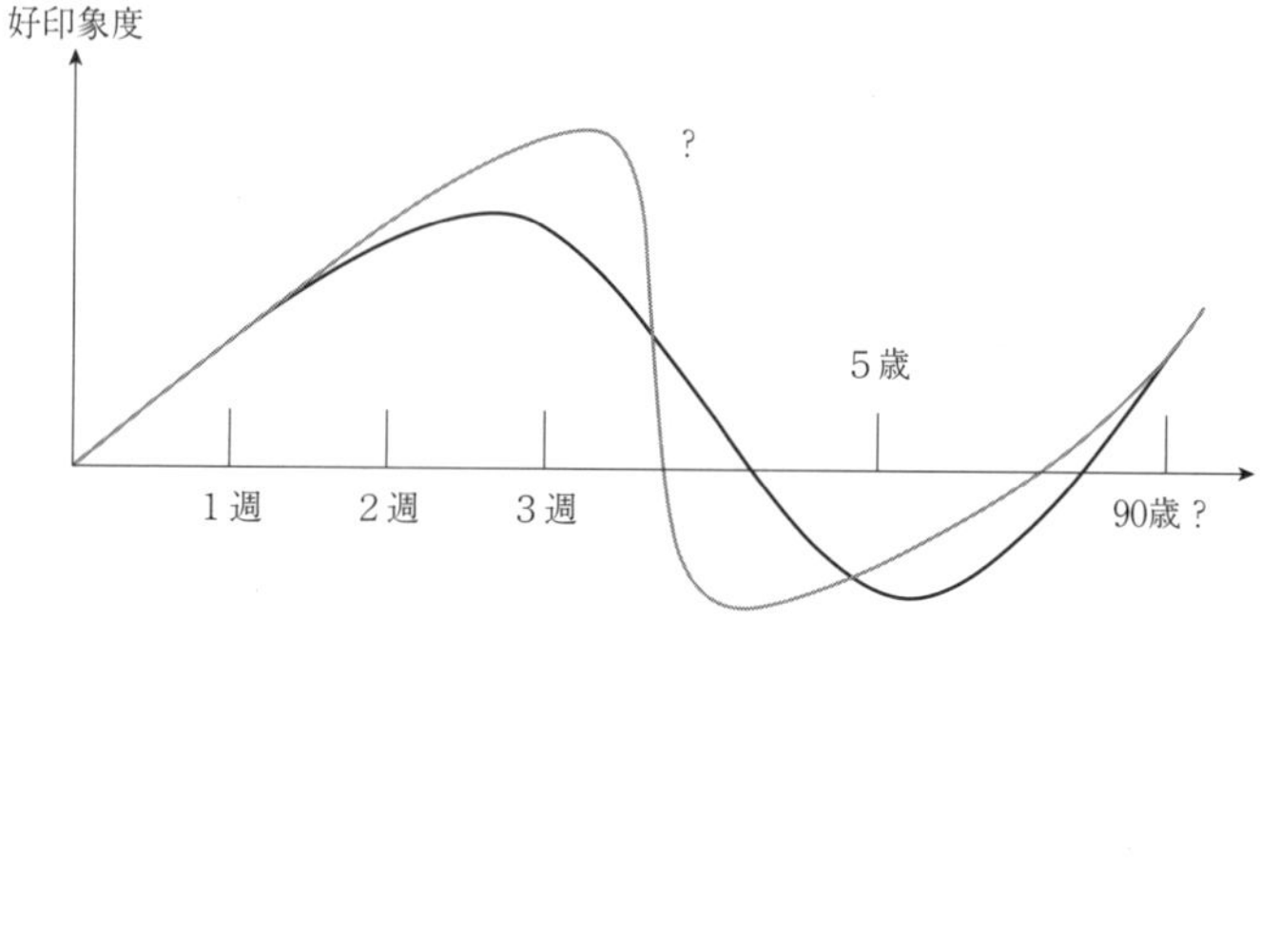

図3-9●不気味の谷の年齢バージョン。ここでは仮想的な曲線を2例挙げる。

可能性がある。

このもう一つの不気味の谷の可能性は、僕らの予備的な観察とも合っている。赤ちゃんとお母さんに、子供型アンドロイドを見てもらったが、赤ちゃんは、ニコニコしながら平気で見ていた。ところが、六歳になる娘のカレンに同じアンドロイドを見せたときには、わけもなく、漠然とした怖さを感じている様子だった。

年齢による不気味の谷が存在するかどうかを明らかにするため、手始めに次のような実験を試みた。一一ヶ月齢の赤ちゃんを対象として、選好注視法という方法を用いて、赤ちゃんの、ヒトに対する、あるいはノンヒューマン・エージェントに対する選好を調べたのだ。選好注視法とは、先述したように、同一画面上に二つの異なる刺激を呈示し、それぞれの刺激に対する乳児の注視時間を計測する方法である。二つの刺激に対する乳児の注視時間が異なれば、乳児はそれらの刺激を区別していると解釈される。この実験では、成人型アンドロイド、子供型アンドロイド、先述したロボビー、成人女性それぞれを同時に見せる刺激として組み合わせ、静止画と動画の両方を乳児に提示した。

結果は、まだ予備的な段階でしかないが、興味深いものとなった。まず静止画では、二つの刺激に対する赤ちゃんの注視時間に差は見られなかった。すなわち、ロボビーであろうとアンドロイドであろうと、人間であろうと、それぞれのペアでの注視時間には違いがなかったのである（ただし、ロボビーと子供型アンドロイドのペアの場合は、その限りではなかったが）。けれども、刺激が動画の場合は、いずれの刺激とペアにされていても、ロボビーの映像がより長く注視された。その他のペアでは、大きな差はなかった。静止画の時、つまり動きがないときには、形態が異なっても、注視時間に影響はなかった。ところが、ひとたび動きが付与されると、人間やアンドロイドと、ロボビーの違いが増幅されたのである。すなわち、人間やアンドロイドは動いても奇妙ではないが、ロボビーが動くということは、その奇妙さの顕著性が高くなることを意味しているのかもしれない。この結果を突破口として、これから、年齢を変数とした「不気味の谷」を解明したいと考えている。

column

コラム03 ジェミノイド

子どものころ、鉄腕アトムの大ファンだった。そんな思いが、何となくロボット工学のほうに引き寄せられたのかもしれない。いつしか、ロボット研究者と共同研究をするようになった。僕の共同研究者の石黒浩教授（大阪大学工学研究科）がまたまたやってくれた。自分自身の型を取り、自分そっくりのアンドロイドを製作したのだ。僕が客員研究員をやっている、ＡＴＲ知能ロボティクス研究所の製作。いろいろなメディアでも報道されたのでご存知の方も多いと思う。写真を見てほしい。あまりにもリアルで……これ以上、感想は言えない。石黒氏はこれまで3体のアンドロイドを製作してきた。子ども型のレプリーR1、大人の女性型のレプリーQ1（改良したものはQ2）、そして今度は石黒さん自身がモデルのジェミノイド。名前の由来は、ふたご座のジェミニから来ていると聞いた。ジェミノイドは、別の部屋から遠隔操作することができる。3次元のモーションキャプチャーシステムを通じて、操作者の動きを、直接伝えることができるのだ。こうした、特定の人物のアンドロイドをつくることにどんな意味があるのだろうか。もちろん、こうしたものを作ること自体に好奇心が触発されるというのも事実であろうが、アンドロイドサイエンスとしては、何かそこに科学的な意味がなければならない。石黒さんは、アンドロイドサイエンスは科学と工学の架け橋になると考えている。研究グループは、このジェミノイドを使って、「存在感」の研究を開始した。遠隔操作により、石黒さんとほぼまったく同じである動きや瞬きをするジェミノイドが、石黒さんの存在感をどこまで引き継

石黒浩教授とジェミノイド（ＡＴＲ知能ロボティクス研究所開発）

げるか。存在感とは何なのか。また、身体と意識を考える上でも重要なヒントを与えてくれるかもしれない。石黒さんは、ロボット工学の最先端をひた走り続けている。僕も、その一端を担えればと思っている。

第4章 シンボル―マインディッド

1 シンボルを持つ心

シンボリックな人工物は、私たちの世界のあちこちに存在し、近代では決定的に重要な存在となっている。私たちが、知識を得るのは、誰か他の人から直接与えられるだけでなく、その大部分は、さまざまな種類のシンボルを通じて可能となる。過去に書かれた本によって私たちは歴史を学び、テレビなどのメディアを通じて、世界中の出来事を知ることができる。また、シンボルは、それ自体を表象するとともに、それ以外の何かを表象する（二重表象：九四ページ参照）。表象は、心の理論においては、他者の心的状態を表象することが必要であり、ここにも何らかの関係がありそうである。

ヒトを「シンボリック・スピーシーズ」と呼んだのは、T・ディーコンである。ヒト以外の霊長類にシンボルを教える試みは今やその成果も数多く報告され、人々の共有する知見となっているが、ヒトのそれと全く同じレベルにあるかというと、そうではないと考える研究者もいる。いずれにしても、私たちの祖先のシンボルの獲得は、私たちヒトの世界を大きく拡張することになったのは間違いないであろう。世代を超えた知識の文化的な伝播をささえるのもシンボルである。

発達的にも、シンボルの獲得は子どもに大きな変化をもたらす。そのもっとも端的なものが言語であろう。言語により、他者とのコミュニケーションがより濃密なものとなり、さまざまな学習も促進される。心の理論の成立と言語発達との関係を示唆する研究もあり、シンボルは、社会的認知の側面にも大きく関与していることが用意に想像できる。

2 スケールモデル課題

前節で述べたように、シンボルの機能は、何か別のものを表象することであるとするならば、あるものの模型もまたシンボルである。模型は、実際のものを模して作製されたものであり、それは、実際のものを表象する。J・デローシュは、非常にユニークな方法で、子どもの模型と実際のものの対応関係の理解に関する発達について調べた。[31] これは、「スケールモデル課題（縮尺模型課題）」と呼ばれるものである。

スケールモデル課題では、実際の部屋をある縮尺で模型にし、その模型の部屋に、これまた実際のターゲット刺激を同じ縮尺で小さくしたものを隠し、それを手がかりにして、対応する実際の部屋に隠してあるターゲットを探してもらう。もう少し、具体的に説明しよう。実際の部屋には、さまざまな家具や植木やゴミ箱など、ターゲット刺激を隠す場所が六点用意されている。そして、それに対応する縮尺模型が作製される（図4-1を参照）。スケールモデルの部屋は、ただ単に、サイズが小さいというだけで、写真で見たら区別がつかないほどである。ターゲット刺激も同様である。たとえば、実際の部屋のターゲットが大きなイヌのぬいぐるみだとすると、同じ形の小さなイヌがスケールモデルの部屋のターゲットになる。手続きは次の通りだった。

参加児に、縮尺模型の部屋を見せて、その中にある家具や植え込みなどにターゲット刺激を隠す。たとえば、植え込みの中にイヌのぬいぐるみを隠したとすると、実際の部屋の植え込みにも、大きなイヌのぬいぐるみを隠す。参加児に、縮尺模型とターゲットの関係を十分に理解させた後、今度は大きな部屋にいってもらう。そして、その部屋でターゲットを探させる。つまり、小さな模型の部屋と大きな部屋の関係の理解を調べるのである。この結果、三歳の子どもは、大きな部屋でターゲットを見つけることができたが、二歳半の子どもではこの課題解決に困難を示す子どもが多かった。これはかなり堅固な結果であり、デローシュたちは、二歳から三歳までの間に大きな変化があると考えた。この結果は、サイエンス誌にも掲載され、有名な研究となった。チンパンジーでもこのパラダイムを用いて実験がおこなわれ、課題解決に成功したことが報告されている。

3 二重表象（Dual Representation）

では、何がスケールモデル課題を解決するための鍵になっているのだろうか。デローシュたちは、スケールモデル課題を解決するために必要な能力を、二重表象の獲得ということで説明しようとした。シンボリックな物のユニークな側面は、もともと備わっている二重性である。写真や模型といったシンボリックな人工物は、それ自体が具体的な物であると同時に、何かそれとは別のものを表象する。たとえば、写真であれば、それは一枚の紙切れであると同時に、そこに移っている人物や風景を表象している。また、模型であれば、それは粘土や木で作成された物体であると同時に、その物体が示す建造物や事物を表象する。そのような、「物」を情報源として有効に利用するには、二重表象に到達する必要がある。二重表象に到達するためには、存在する具体的な物体そのものを心的に表象することであり、同時にその物体が表す事象との関係を心的に表象することである。なんだか、難しいが、私なりに簡単に言うと、ある物が、そのもの自身であることとさらにそれが指し示す物との関係を理解することだと考えても良いだろう。われわれは、シンボルを知覚し、それが指し示すものとの関係を解釈しなければならない。

幼い子どもにとって、二重表象の獲得はそれほど容易なことではない。このことを直接的に調べたのが先に述べたスケールモデル課題だったのである。シンボルのもっとも進化したものが言語だろうか。音声言語は、それ自体は何か聞こえてくる音であり、それが事物を表す。文字言語は、それ自体は紙に書かれたぐにゃぐにゃした線であるが、それが事物や事象を表す。

さて、デローシュたちは、二～三歳児を対象にしたスケールモデル課題の結果を、二重表象の獲得ということで説明しようとしたのだが、デローシュたちの実験結果をもう一度記述しておく。三歳児では、模型と部屋の関係を良く理解していたが、二歳半の子どもでは、そのような証拠は見られなかった。すなわち、二重表象の獲得には年齢差があるということである。年少の子どもは、模型が表象するものと模型との関係よりも、具体的な模型それ自体に焦点を当てる。つまり、シンボルの顕著性が高いと、指し示すものに気づきにくい、というわけである。たとえば、窓の後ろに模型を置くなどして、模型自体の顕著性を低くした場合には、二歳半の子どもでもスケールモデル課題を通過する割合が高くなった。反対に、三歳児に、模型で数分間あそばせることによって模型の物理的な顕著性を高くした場合には、成績が低下した。模型を本来の物体として接触することが、シンボル機能としての子どもの理解を阻害すると、デローシュたちは考えたのである。本書では紙幅の関係で、詳細には紹介しないが、この二重表象仮説を指示する結果は、他にも数多く報告されている。

4 二重表象の特性を調べる

浅水優子氏（当時京都大学文学部四回生）と私は、このスケールモデル課題を使って二重表象の特性を検討しようとした。[32] この研究は、フランスのアクサン－プロヴァンス大学のJ・ヴォークレアとの共同研究の一つであり、浅水優子氏の卒業論文である。

基本的な考え方は、先述した二重表象への到達を、模型の顕著性を変化させることでコントロールするということであった。対象となったのは、一八人の幼児で、その内訳は、二歳半児八人、三歳児一〇人であった。参加児は、それぞれ統制群（二歳半：四人、三歳：五人）と実験群（二歳半：五人・三歳：五人）に分けられた。保育園の一室を実際の部屋として使用し、その一〇分一の大きさの模型を作製した。テスト試行では、縮尺模型が机の上に呈示された。このとき、実際の部屋の家具のミニチュア模型が同じ配置で並べられた。統制群の条件は、通常のスケールモデル課題であった。すなわ

図4-1●複雑刺激の部屋のスケールモデル（上）と実際の部屋（下）

ち、ターゲット刺激を隠すために、既知の家具とその模型（複雑刺激）が用いられた。具体的には、ゴミ箱・かご・箱の置かれたキャスター・椅子・植木・箪笥であった（図4－1参照）。また、実験群の条件は、縮尺模型の顕著性が低くなるようなもの（単純刺激）が使用された。具体的には、黒い円柱、ピンクの段ボール箱、青い段ボール箱、黄色い円錐、オレンジの三角錐の大きなもの（実際の部屋に置かれるもの）と、それらの小さなもの（模型の部屋に置かれるもの）が用意された（図4－2）。また、ターゲット刺激としては、一五センチメートルのイヌのおもちゃと一・五センチメートルの同じイヌのおもちゃを用いた。

手続きは、基本的には、縮尺模型の部屋でターゲットのイヌのおもちゃを隠し、実際の部屋で、それと同じ場所に隠されているターゲットを探しにいくというものであった。小さな部屋と大きな部屋の対応づけができていればこの課題は解決できる。つまり、小さな部屋が大きな部屋を指し示すのだということを理解することが必要である。結果を、図4－3に示した。

残念ながら、統制条件と実験条件での有意な差は見られなかった。両条件とも年齢では差が見られた。つまり、三歳児の方が二歳半児よりも、いずれの条件においても成績が良かったのである。これは、当然といえば当然のことである。さてここで私たちの仮説をもう一度確認しておこう。物体（この場合は、縮尺模型の中の、ターゲット刺激を隠す場所のこと）の顕著性、たとえばその物体がどれくらい魅力があるかなどであるが、その顕著性が大きな場合（実際の家具の縮尺模型など）は、この課題の

図4-2●単純刺激の部屋のスケールモデル（上）と実際の部屋（下）

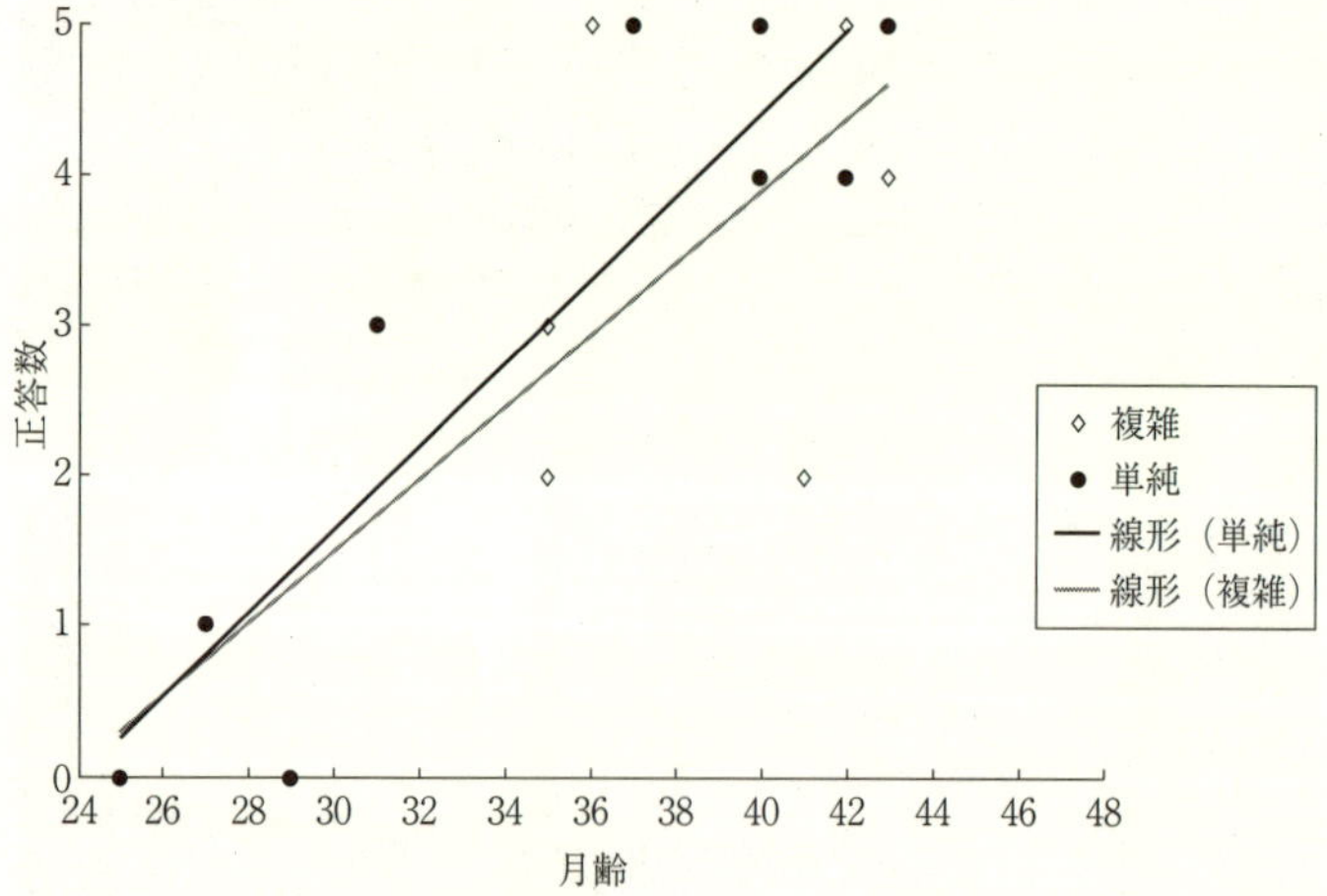

図4−3●被験児の月齢と正答数

困難度があがり、顕著性が小さな場合（段ボールなどで作成された立体）では、課題が容易になるだろうということだった。しかしながら、今回の私たちの実験ではそのような証拠は認められなかったのである。考えられる理由としては、今回は年少群の参加児の年齢が二歳半に満たない者が多かったということが挙げられるかもしれない。先行研究では、この課題の成績は二歳半から三歳にかけて劇的に変化することが報告されているので、もう少し高い年齢の幼児を対象にすれば結果はまた変わったかもしれない。実際、二歳七ヶ月時では、実験条件で高い正答率を示しているのである。

今回は、思うような結果にはならなかったが、私はこのようなパラダイムはそれほど間違っていないと思う。すなわち、刺激の顕著性をパラメトリックに変化させて課題の困難度を調節するという方法は、かなり正しい線をいっているような気がする。今後は、参加児の年齢をもう少しきちんと統制して、更なる検討が必要であろう。

5　絵や写真の理解

絵や写真は、実際の物を鉛筆で紙の上に模写したり、カメラで写したりしたものである。つまり、それらはただの紙切れの上の線や色であるとともに、描かれたり写されたりした元の事物を指し示しているものでもある。子どもは、このような絵や写真と、現実の物との対応を、どのように理解していくのであろうか。絵画的なものに関する能力には、絵や写真を知覚する、解釈する、理解する、説明する、使用する、ということが挙げられる。このような能力は、生まれてから最初の数年のうちに、徐々に発達すると考えられている。では、絵や写真を知覚したり理解したりするには、どの程度の経験が必要なのだろうか。そもそも、子どもは、二次元上の絵や写真の構成をどのように読解すればよいのか、また絵画や写真が、その表象する世界とどのような関係にあるのかといったことを、学習しなければわからないのだろうか。この問いは、次のようにも言い換えられる。絵画や写真を解釈するには、文化のコンテクストの中で解釈の仕方を学ばなければならないのか、または、ギブソンの指摘するように、目は現実世界からもたらされる情報とほぼ等価な情報を絵画や写真からも得ることができるので、特別なスキルは必要ないのか、ということであろう(33)。少し、くどいが別の言い方もある。すなわち、乳児や年少の幼児は、〝無知の目〟で絵画を見ているのか、〝知的な目〟で見ているのか、ということだ。結論として、デローシュは、絵画に対する幼い子どもの目は、決して完全に無知ではなく、ほんのその先端部分のみが知的であるという表現を使っている。

先にも述べたが、デローシュたちは、絵画的能力(pictorial competence)ということばを好んで使っている。それは、絵画を知覚し、理解し、解釈し、使用する能力ということである。この範囲は広く、シンプルな絵画の直接的な知覚や認知から、概念的で複雑なものの洗練された解釈を含む。完全なる絵画的能力は、知覚的能力と概念的知識の両方を含むものである。絵画や写真を知覚し解釈するということは、その表面を見ているだけではなくて、それを通じてそれが指し示すものを見ていることに他ならない。そのとき、見ている人は、表象と表象されているものとの関係を心に留めておかなければならない。またさらに、絵画的能力は、どのようにその絵画や写真が作成され、どのように使用されるかの実際的な知識をも求めるものである。

新生児でさえも、絵画的能力のある要素を持っていることが知られている。新生児は、実際の物と要素を抽出したものとを区別できるし、親近性の高いものや人を写真や絵画の中で認知できる。ということは、明らかに、絵画を知覚するのに絵画的経験は必要ないということである。しかしながら、話はそう単純ではない。

先に述べたように、乳児には絵画を知覚する能力や、実際のものから特徴を抽出する能力はあるということはわかったが、幼い乳児は、絵画の本質やそれが示している実際の物と絵画の関係を理解してはいない。このような推論は、デローシュらの実験から導き出されることである。彼女らの実験では、乳児は椅子に座らされ、本物に酷似した物体の写真集が呈示された。九ヶ月児では、ある物の写真を呈示されたとき、その絵画や写真の表面に触れたり、こすったり、叩いたり、また実際にそのものを摑もうとするような行動も観察された。すべての九歳児は、少なくとも一回は手で操作しようとしたのだが、そのような行動にはいろいろな様式が見られたわけである。ある赤ちゃんは、明らかにしつこく本のページから描かれているものを摑み取ろうとした。またある赤ちゃんは、いろいろなやり方で本の中からすべての写真を摑もうとした。

それでは、なぜ、九ヶ月児は本の中の物体を、手で触ろうとするのだろうか。一つの可能性は、九ヶ月児は写真や絵画と実物との知覚的な区別ができていないかもしれないということである。たとえば、おもちゃのガラガラを実際に本から取り出して、ガラガラと音をたてることができると思っているのかもしれない。この説明だと、九ヶ月児は二次元と三次元の区別ができないということになる。しかし、これまでの一連の研究から、九ヶ月児は、写真とその実物とを並べて置いたときには、いつも実物のほうに先に手を伸ばすことがわかった。このことは、九ヶ月児が明らかに、写真と実際の物を区別していることを示すものである。二つめの可能性は、九ヶ月児の操作的行動は、写真や絵画のもつ二重の性質によるものだということである。乳児は、絵画により描き出された対象物を実物とは区別して知覚し、そしてさまざまな点から実際の物のようにも見ているらしい。つまり、まだ実際の物と写真の本質的な違いを理解していない。描かれた対象を、あたかももう一つの実際の物と思っているようである。この見解からすると、描かれた物を、単に摑むことができるものとしてだけではなく、細部まで実物と同じ物を期待しているのかもしれない。乳児は、肌理や形といったそれぞれの性質に応じた触れ方（manual action）を示すことが報告されている。このような物の性質に対する理解から、肌理や形態も実際の物と質を同じにしていることを期待する可能性は十分に考えられる。初期の乳児の写真知覚には、こうした特長があるのである。

6　スケールエラー

視覚的な経験と行為は、心理学と神経科学における基本的な問題である。先に述べたデローシュたちは、このことに関連する大変奇妙で面白い子どもの行動を発見した。[34] スケールエラーと呼ばれる行動である。幼い子どもたちは、よく知っているおもちゃと関わるとき、大きさに関する視覚的な情報の使い方に劇的に失敗することがある。あたかも、おもちゃの大きさと自分の大きさの関係がわかっていないような行動つまり、明らかに自分の身体よりも小さなおもちゃの物を、普通に使おうとするかのような行動を示すのである。これは、もともとは子どもたちの日常的な観察から出てきた行動である。具体的には、人形の家の椅子に、真剣に座ろうとしたり、小さなおもちゃの車に乗り込もうとしたり、人形の靴を履こうとしたりするのである。私も、国際乳児学会で、デローシュたちのビデオを見たが、大変面白いものであった。女の子が、小さなおもちゃの自動車に乗り込もうとしていたが、できないので今度はわざわざ靴を脱いで、さらに乗り込もうとする姿は、見ていた他の研究者の爆笑を誘ったものだ。この尺度（スケール）に関するエラーは、知覚と行為の統合が、何らかの原因で、健常発達の子どもでも壊れてしまうことがあるということを示している。デローシュたちは、このエラーを、視覚情報の統合と抑制制御の未熟さのコンビネーションに原因を求めた。彼女らは、実験室で周到な実験をおこなった。一八ヶ月から三〇ヶ月の幼児を対象に、まず実際に遊べる（使える）サイズの大きなおもちゃで遊ぶことを経験させ、その後、それらを模したミニチュアのおもちゃを与えた。デローシュらの仮説は、最も時間的に近接した大きなおもちゃでの経験と、大きなものと小さなものの類似性の高さが、スケールエラーの出現を増大するのではないかということであった。

各々の対象児ごとに、実験室で観察がおこなわれた。部屋には、大きな遊べるおもちゃが三つ置かれた。実際に子どもが登って滑ることのできるすべり台、座ることのできる子どものサイズの椅子、実際に乗り込んで走らせることのできるおもちゃの自動車であった。子どもたちは、それらのおもちゃで少なくとも二回遊んだ後、別の部屋につれていかれ、その間に大きなおもちゃは、そのミニチュアのレプリカに取り替えられた。そして子どもたちは、再びもとの部屋に戻された。もし、自発的に部屋に新しく置かれたミニチュアのおもちゃで遊ばないときは、それらで遊ぶように、実験者に誘導された。デローシュらは、ビデオに記録された子どもたちの行動を分析し、非常にオーソドックスなやり方で、スケールエラーの生起頻度を数えた。ここで問題になるのが、子どもたちが本当にエラーをしているのか、それとも、そのミニチュアのレプリカを使って、ふり遊びをしているのかの区別である。そのために、それぞれの実例を、実験者が詳細に検討し、ふり行動であるか、スケールエラーであるかを決定した。おもな基準は、どの程度、自分の無理のある行為に固執するかであった。たとえば、人形の家の椅子に座ろうとして、後ろにひっくり返ってしまったような場合は、ふりではなく、スケールエラーと見なされた。

図4−4に、対象となった一八ヶ月から三〇ヶ月児におけるスケールエラーの平均出現回数を示した。

結果は、対象児を一五〜二〇ヶ月、二〇・五〜二四ヶ月、そして二四・五〜三〇ヶ月の三群に分けて示されている。これを見ると、明らかに逆U字型の発達パターンを示していることがわかる。すなわち、二〇・五〜二四月齢でピークになり、その前後では、スケールエラーは少ない。スケールエラーは、二歳前後で最も多く見られるのである。

デローシュたちは、スケールエラーと同定した行動は、実際に、子どもたちの本当の行動エラーであることが次のような証拠によって示される。一つは、スケールエラーは、子どもたちの「ふり行動」とは明らかに区別されるということである。たとえば、おもちゃの自動車を用いたふり遊びは、自動車を持って移動させる、そして時には自動車の音を模した発声をともないながらおこなう。また、滑り台では、自分の手を滑らせるか、もしくは人形を滑らせるというような形態を取る。こうした行動は、スケールエラーとは判断されず、行動解析をしたコーダーもこれらをスケールエラーとしてカウントはしなかった。さて、このような一見ばかげたエラーはなぜ生起するのだろうか。デローシュ

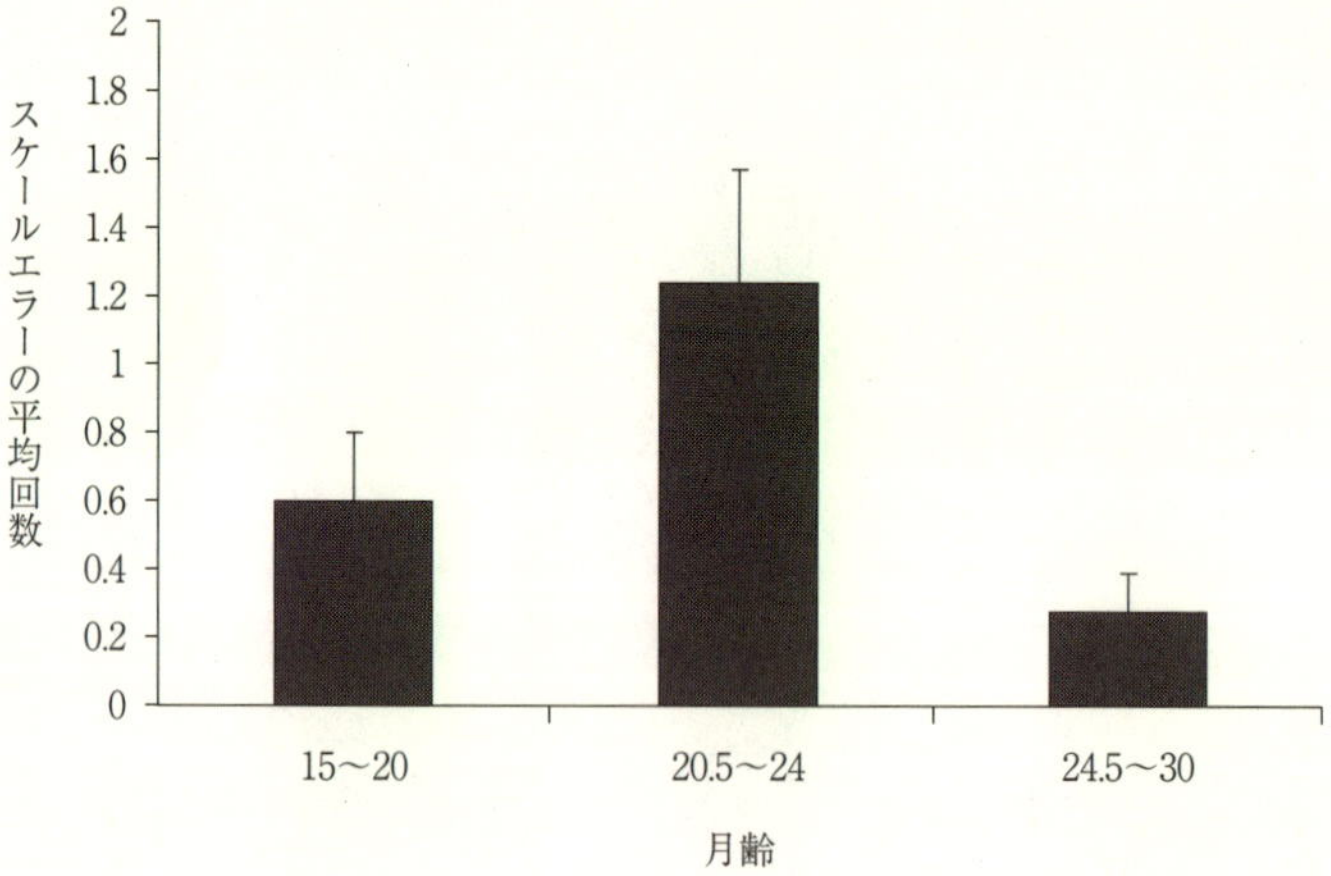

図4-4●スケールエラーのグラフ

たちの考えを紹介しよう。

彼女らは、幼い子どもで見られるスケールエラーを、プランのための視覚的な情報を使うことと、行為をコントロールすることの分離によるものだと考えた。子どもが、きわめて良く知っているもののレプリカを見たときには、いつでも、そのレプリカが示す大きなもののカテゴリーの表象が活性化される。椅子を見ることは、普通の椅子の表象を活性化する。それが、椅子に座るというモータープログラムと結びついて、スケールエラーのような奇妙な行動を示すのではないか。このような見解は、これまでの視覚表象や認知表象の経験と運動表象との統合という概念に、相反するものではない。またこの問題は、抑制機能の発達とも関連していると考えられる。一つの物体（たとえば大きな自動車のおもちゃ）に適用可能な行動を、別のふさわしくない物体（小さな自動車のおもちゃ）に適用することを抑制できない。スケールエラーの生起には、こうしたさまざまな要因が絡まっているが、今後さらに実証的な研究が必要であることは間違いない。子どものユニークな行動を日常的に観察することによって、新たな発見があるのである。

7 ビデオと現実世界

これまで述べてきたシンボルや表象という流れからすると、映像もまた重要なシンボルであり、何か別のものを表象する。現代世界では、映像はごくごく身近に存在するメディアである。子どもたちも幼い頃から、テレビやビデオ、インターネットの映像に恒常的に触れているのが現状であろう。また、乳幼児を対象とした心理実験においても、刺激映像をコンピューターによって呈示する方法が一般的である。

それでは映像の理解はどのように発達するのであろうか。また、ヒト以外の動物は映像をどのように見ているのであろうか。特に、何かを参照するために、映像情報を利用できるようになるのは、いつからだろうか。私の友人の、ロシャ（Rochat, P.）のグループが面白い実験をおこなっている。(35) ポスとロシャは、四頭の成体のチンパンジー、二頭の成体のオランウータン、そして三六人の幼児（二～三歳）を対象として、ターゲット探し課題をおこなった。これらの対象者に共通した一般的な方法は次のようなものであった。すべての参加者は、四つの条件でテストされたが、ここでは特に、関連する二つの条件を紹介する。一つは、直接可視条件（Direct visible 条件）ともう一つはビデオ可視条件（Video visible 条件）だった。直接可視条件では、被験児は実験者が二つのチューブ型の箱のどちらかに、報酬（チンパンジーやオランウータンには餌が、また子どもの場合には小さな人形が用意された）を隠す場面を直接見ることができ、実際の場所も理解していた。ビデオ可視条件では、隠されたものを探すときには、直接可視条件同様に、実験者と向かい合った状況でおこなうが、報酬を隠す場面はビデオにより呈示された。つまり、ビデオの中でどちらの箱に隠されたかの情報が与えられ、実際のサーチでは、直接その箱を目の前にして探すことが求められたわけである。

結果を概略する。直接条件では、幼児も類人猿もよくできたが、ビデオ条件では、類人猿のほうがよくできた。不思議な結果である。すなわち、類人猿の方が、ビデオの手がかりを使うのが上手だったわけである。類人猿のこのような能力は、先行研究でも示されている。ポスとロシャは、論文の考察の中で、なぜこのようなことが起こったかをいくつかの可能性を挙げて述べている。まず、最初の可能性は、三歳を越えないと現実とビデオの手がかりを自由に交換することができないのではないかということである。実際、同じような手続きで、三歳児は、ビデオにより与えられた手がかりを、隠された物体を探すために使用できることが報告されている。二歳児では、ビデオのスクリーンを、窓から見ているように思わせるような細工をすると、ターゲット探索課題の成績が良くなることも報告されている。ビデオからの手がかりを、自分の行動を誘導するために使う能力は、単に初期の幼児期に欠如しているということではなく、二歳から三歳にかけてより信頼性の高くなるものかもしれない。二つめの可能性は、チューブ型の箱の知覚的な弁別が幼児に難しかったからではないかということが考えられた。実際、最初の実験では同一の箱を使用していたが、次の実験では、二つの箱のコントラストを強くすると、成績が有意に高くなった。チンパンジーに比して、幼児は、チューブの知覚的なコントラストを強調することが必要であるように思われる。三つめの可能性は、チンパンジーの成績に比べて幼児の成績が悪かったのは、幼児の通常の生活に存在する言語的なサポートがなかったからではないか、ということである。つまり、この課題自体がチンパンジーに向いていたのではないかと考えられる。さらなる実験で、ロシャたちはこの可能性もあることを示した。いずれにしても、すべてを統合して考えると、三歳児は、知覚的および言語的に、手がかりを強調することで成績が向上したのである。

私も、見ようとした視点は異なるが、ロシャと類似した実験をおこなってみた。映像の中で起こっていることと、現実世界で起こっていることとの理解が、与えられる社会的手がかりによって異なるだろうか、ということが疑問であった。対象としたのは、ヒト二歳半〜三歳児二四人と一頭のテナガザルであった。基本的には、ポスたちの実験同様、二つのカップのどちらかに、おもちゃ（テナガザルの場合は餌）を隠すという、心理学ではお馴染みの選択課題であった。選択課題では、ある種の手がかりを与えて、正しい方のターゲットを選択させる。この実験では、手がかりの与え方によって、二つの条件が設定された。一つは、指さし（pointing）条件、もう一つは直接手がかり条件であった。前者は、実験者がターゲットを隠す場面は見せないが、隠した後、ターゲットの入った方のカップを指さしで指示した。後者は、ターゲットを隠す場面が呈示される直接的な手がかりであった。これらの条件に加えて、それぞれの手がかりを直接見ることのできるライブ条件と、TVモニターにリアルタイムで映し出される映像で見るTV条件があった。ヒト幼児の場合は、ライブ条件、TVモニター条件それぞれ六試行であり、テナガザルの場合は、それぞれ二四試行であった。

図4-5にヒト幼児の結果、図4-6にテナガザルの結果を示した。ヒト幼児では、各条件下での平均正答数を、テナガザルでは、二四試行中の正答率を示した。

ヒト幼児の場合は、直接手がかり条件では、TVモニターを介した映像を手がかりとして使用することが難しく、平均正答率は、ライブ条件のほうが高い。しかしながら、この傾向は、指さし条件では異なり、TV条件でもライブ条件でも平均正答数には差が見られなかった。テナガザルでは、いずれの条件でも差が見られなかった。

この実験結果を二重表象の観点から解釈すると、二〜三歳児の直接手がかり条件では、二重表象に関わる困難さゆえに、TV条件の課題解決が難しいが、指さし条件では、二重表象といった複雑な過程とは関係なく、単なる弁別刺激として指さしを使用するため成績が良くなったのかもしれない。すなわち、それほど「指さし」は社会的なシグナル刺激として強力なものであるといえるだろう。一方、テナガザルの場合は、TV条件であろうとライブ条件であろうと、常に単なる弁別刺激として指さしを使用していたのかもしれない。つまり、このことは、テナガザルの二重表象の獲得を意味しない。

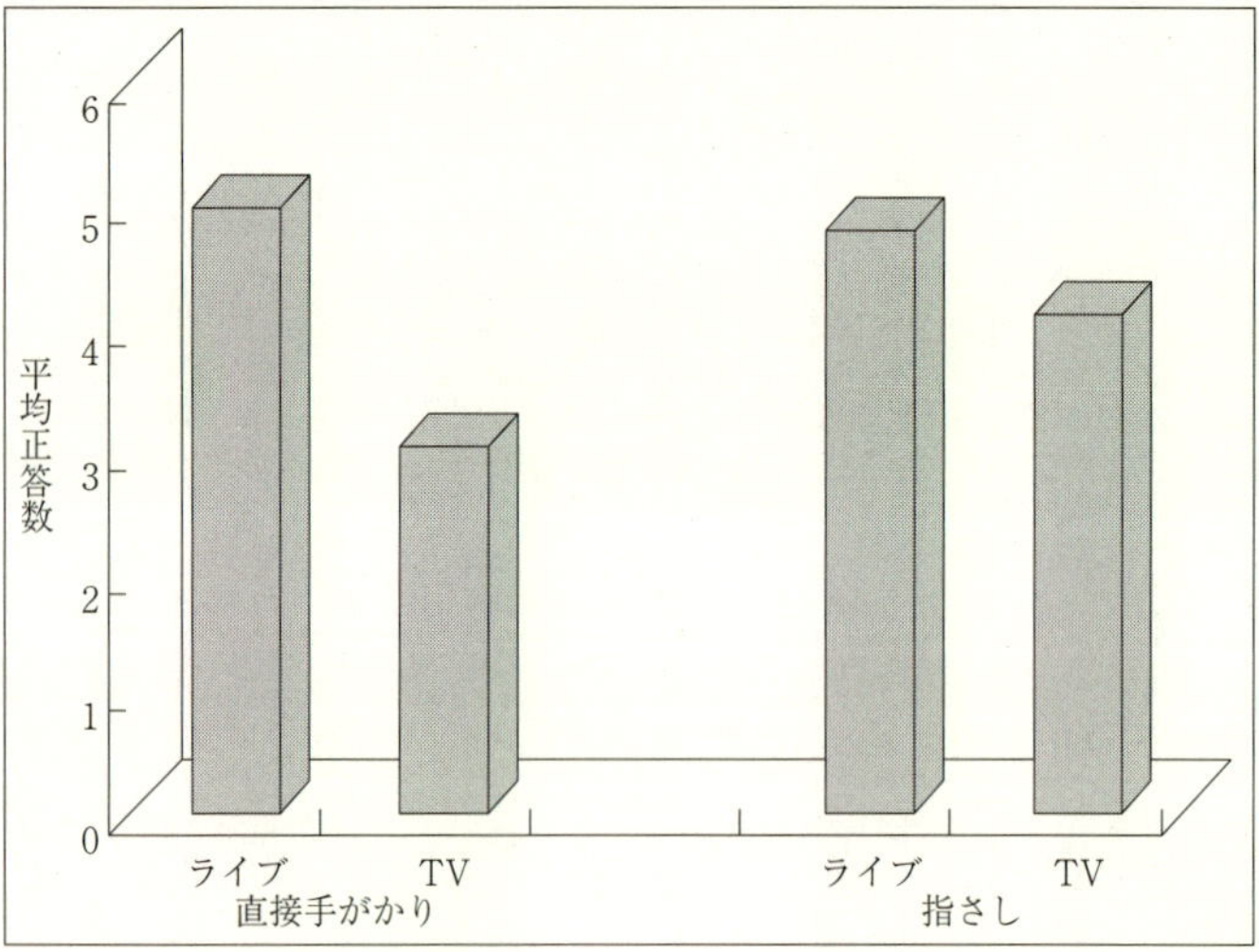

図4-5●ヒト幼児の結果

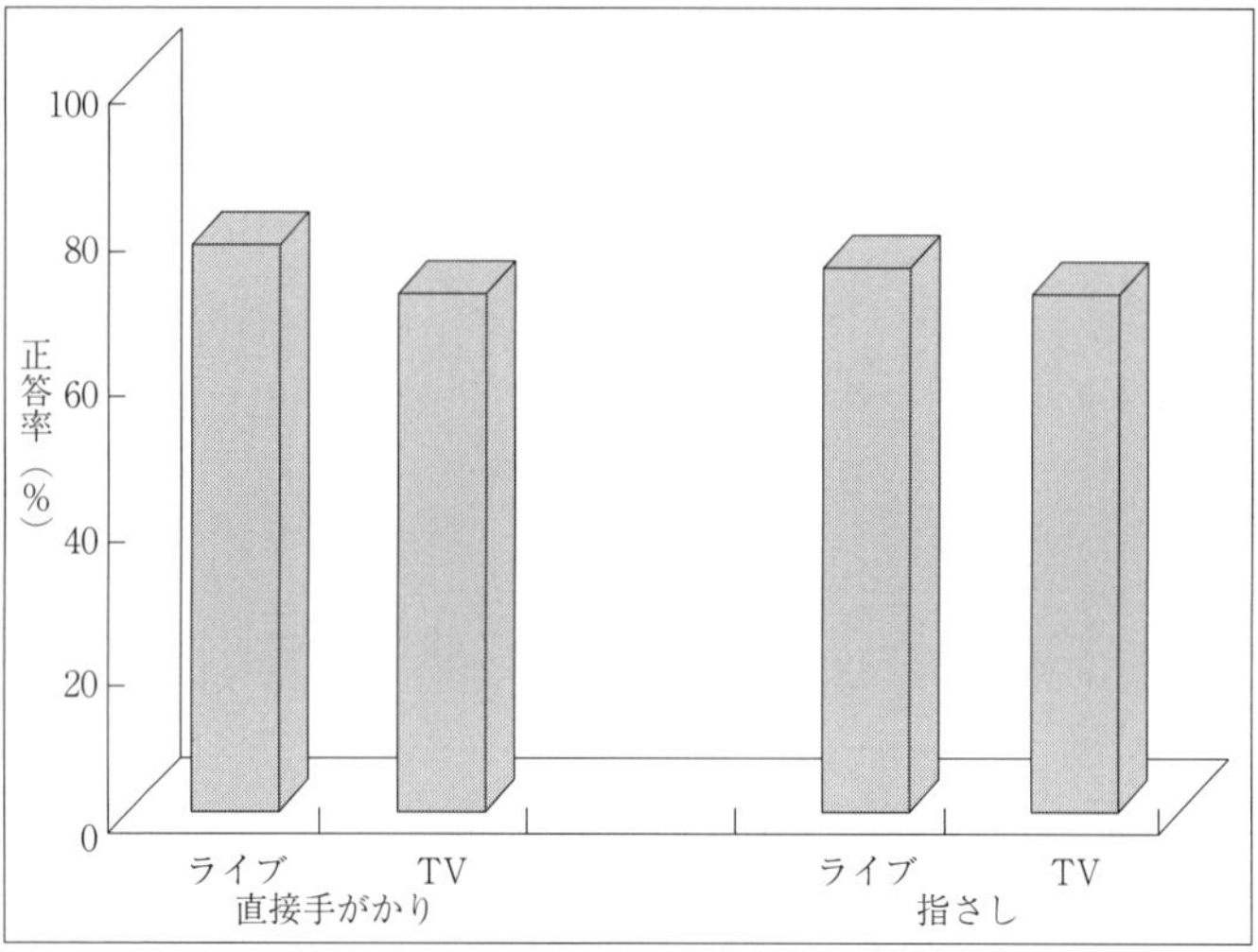

図4-6●テナガザルの結果

指さしは、二重表象の困難さを乗り越えてしまうほどの強力なシグナルとして機能しているのかもしれない。

コラム04 心理学の実験

column

心理学の研究法にはどんなものがあるかご存知だろうか。このことは、心理学の最初の授業で扱う。研究の目的に応じて異なるが実にさまざまである。ずらずらと挙げてみると、実験法、観察法、テスト、面接法、質問紙法などがある。テストには、性格テストや知能テストがあり、読者の方も受けたことがあるかもしれない。これらのテストは、標準化されており信頼性や妥当性が厳密に測定されている。面接法は、研究者が直接対象者に会って、口頭で質問する方法である。手間や時間がかかるが、その分きめの細かい調査が可能となる。質問紙法は、あらかじめ用意された質問紙に対して、筆記用具等により簡単に答えられるよう工夫がなされている。このため、一度にたくさんのデータを短時間のついに収集することができる。観察法は、ある目的のために、組織的に行動を把握することで、参加者が観察対象群に入り込む参与観察と観察者の存在をできるだけ小さくするような自然観察がある。観察法は、倫理的な問題や技術的な問題から実験が不可能となる場合にも有効である。たとえば、子どもの生育条件と知的発達の関係を検討としても、そのために子どもを隔離して育てるわけにはいかないのである。

さて、僕が主に用いている方法は実験である。実験は科学の方法として最も有効な方法だと僕は信じている。もちろん、それぞれの方法を目的に応じて選択すればいいわけだが、研究者との相性のようなものもあるような気がする。僕には実験法が一番しっくり来るのだ。変数を直接的に変化させて、反応を見るという方法が短気な僕には合っているのかもしれない。実験は、厳密に統制された条件下での観察であり、条件とその効果を調べることができる。つまり、ある条件下でヒトや動物の行動の変化を調べることにより条件と行動の関数関係を決定することができるのである。もっとも、赤ちゃん研究をやっていると、それほど簡単にかつきれいにこの関係を決定するのは結構大変なことだと痛感している。ある行動におけるある条件の効果を調べるとき、その条件を施す群と施さない群に分けて、この二つの群を比較する方法が取られる。このとき、条件を施される群を実験群、施されない群を統制群という。例えば、アルコールが複雑な情報を処理する能力に与える影響を調べたいとしよう。実験群にはアルコールの入った飲み物が渡され、統制群には同じ飲み物ではあるが、アルコールが入っていないものが渡される。そして、両群に全く同じ課題をおこなわせ、その成績を比較するのである。これは仮想実験であり、直観的には、アルコールが入った飲み物を口にした群のほうが、成績が悪いように思われる。けれども、僕なんかは、お酒が好きなので、多少アルコールが入ったほうがすいすいと仕事ができるような気がするが……僕だけだろうか。

第5章 視線で読む他者の心

1 進化発達心理学の考え方

人類は長い年月をかけて、ヒトになった。その身体も、そしてその心もである。ヒトの心の発達を理解しようとするとき、進化的視点は必要不可欠である。なぜなら、ある個体の発達は、個体に自発する活動と、その活動が関わっている時空間を通じて、実現されており、さらにその個体発達そのものが、進化に大きな役割を果たすと考えられるからである。(36) そしてこうした進化的視点は、現代人の発達様相をよりよく理解するために、大いに役立つことになる。

近年、ビョークランドとペリグリニ[37]によって提唱された進化発達心理学の視点からは、子どもは、小さな大人ではなく、その年齢や、置かれている環境と状況に、可能な限り適応している存在であるとされる。進化発達心理学とは、以下のような研究領域であると定義されている「ダーウィニアンの基本原理である自然淘汰による原理を、現代人の発達諸相を説明するために応用するものであり、社会的・認知的能力の普遍的発達の基礎となる遺伝子および環境の機序、そしてこれらの能力が特定の条件に適応するように発展した認識論的なプロセスの研究をも含む、総合的な研究領域である」[37、四ページ]。ビョークランドとペリグリニが特に強く主張するのが、子どもは、その年齢の子どものおかれている環境に適応している存在であるという点である。このような考え方は、ほかにも個々の研究において散見されており、彼らのオリジナルというわけではないが、これまでは統一的な提唱がなされていなかったのが実情である。進化発達心理学は、乳児や幼児が有している特徴は、そのすべてが大人という存在への準備段階としてあるわけではなく、むしろその時点・年齢に応じた適応的機能を持ち、またそのような発達の仕方自体が進化の中で淘汰を受けてきたものであると考えるのである。その一例を挙げてみよう。幼児は一般に、自己に関する知識が乏しいとされる。すなわち、自己についてのメタ認識が十分にはないということである。この点、子どもは、大人の視点からすれば、一見、未成熟に見える。しかし、こうした特徴をもつことは、子どもとしてその時点を生きるのにはかえって適応的であるかもしれない。

たとえば、子どもは多くの場合、自己の一般的能力を過大評価する傾向にあり、失敗を自分の能力の不足には帰属しないとされる。しかしながら、そのような自己評価の誤りがあるために、たとえある課題に失敗しても、さまざまなかたちで、あきらめずに何度も、そして長時間挑戦し続けることができるかもしれない。

幼児期の自己に対する過大評価は、新しいことを学習しようとするときに、あらゆることを試してみたり、ねばり強く遂行しようとしたりする態度に反映され、極めて適応的であるといえる。あることを学習するためには、こうした自己に対する認識の誤りが、逆にプラスの方向にはたらくことがある。

別の例を挙げてみよう。幼児はしばしば、自分の行為や行動について、自分がしたことなのか、それとも他者がしたことなのか、区別がつかなくなる。このエラーはソース・モニタリング・エラーと呼ばれている。幼児はソース・モニタリング・エラーをおかす存在であることが知られている。ソース・モニタリング・エラーとは、たとえば、子どもが大人と一緒に協力してパズルを完成させるという実験課題がある。パズルが完成したときに、子どもに、その子がどのピースを置いたのか聞いてみる。すると子どもは、自分が置いたものと、パートナーである大人が置いたものを混同してしまう。しかしながら、こうした誤りは、子どもが学習をするにあたって十分に利があるという。帰属混同によって、子どもは、パートナーと共通のソースにアクセスしやすくなり、またそのことによって、より統合的な記憶を保持できるかもしれないからである。このように、幼児の、一見すると未熟と思われるような認知は、その時点での発達段階では、非常に適応的な機能を持つと考えられるのである。

このような特徴は、決してヒトにだけ見られるものではないと考えられる。図5-1に現生霊長類の系統樹を示した。ヒトがチンパンジーと分かれたのは、およそ五〇〇万年前だとされる。ヒトを人たらしめた原因や、ヒトの生物学的な特長を探るためには、ヒトに近縁な霊長類の発達様相を比較することが有効である。このことは、近年の比較認知科学や比較認知発達科学の台頭により広く浸透し始めたように見受けられる(36、38-40)。

進化発達心理学は、発達のその時点での適応性の概念を、より色濃く反映させようというものである。この進化発達心理学の基本概念は、もちろん、社会的認知の発達にも応用される。社会的認知とは、社会的関係や社会的現象に関する認知であり、自己の認識や他者の認識もこれに含まれる。他者の視線理解も、社会的認知の枠組みで討論される問題である。一般に、視線はコミュニケーションの手段として、きわめて重要な役割を果たしている。他者の視線がどこに向かっているかを同定することは、霊長類にとって極めて重要な能力となる。他者の視線は、餌や捕食者などの生存に関する重要な情報を含んでいると思われるからである。

本章ではまず、視線の重要性と、これまでの研究でなされてきた視線の分類について記述し、次に

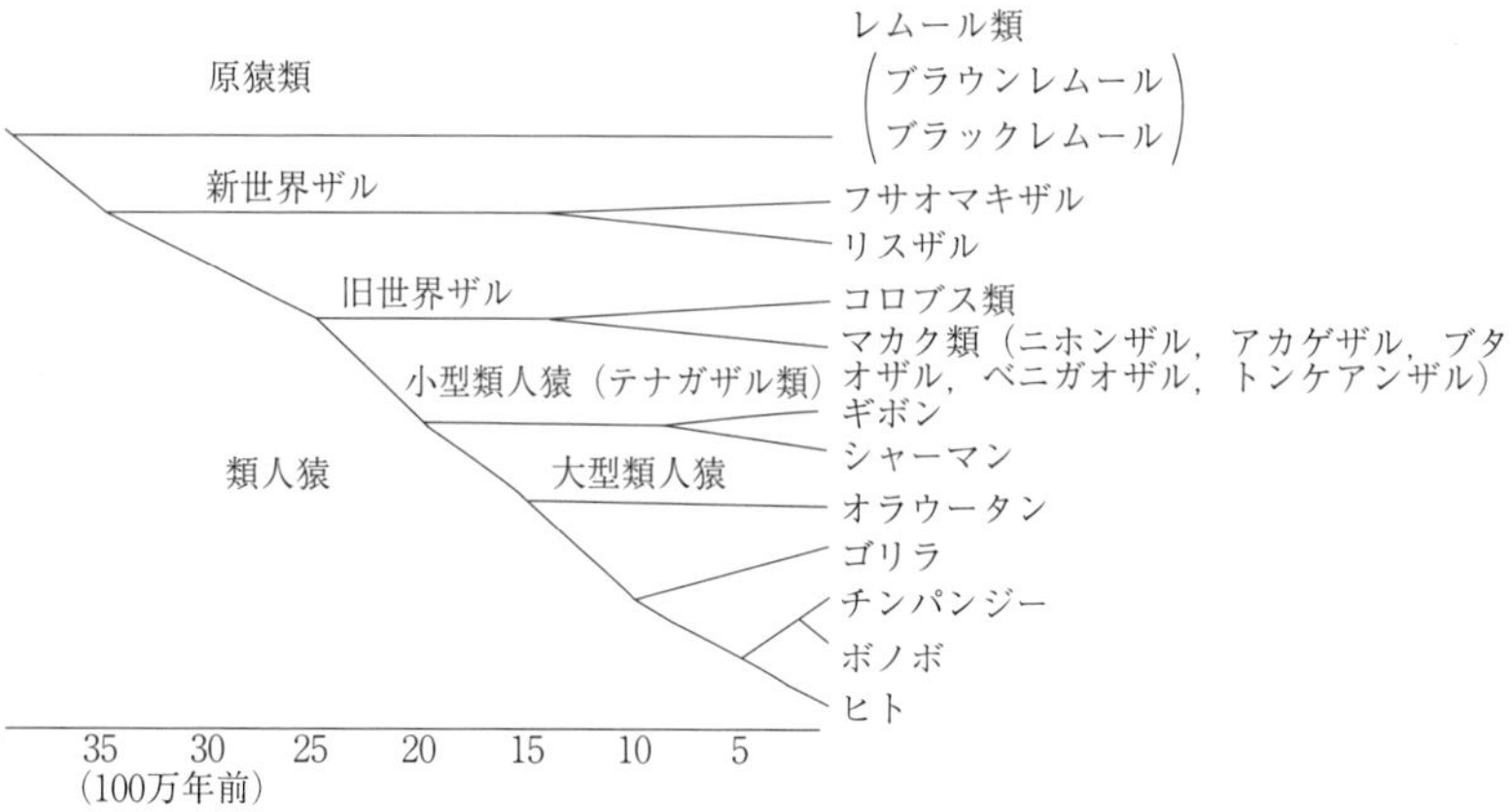

レムール類
（ブラウンレムール
ブラックレムール）
原猿類
新世界ザル
フサオマキザル
リスザル
旧世界ザル
コロブス類
マカク類（ニホンザル，アカゲザル，ブタオザル，ベニガオザル，トンケアンザル）
小型類人猿（テナガザル類）
ギボン
シャーマン
類人猿
大型類人猿
オラウータン
ゴリラ
チンパンジー
ボノボ
ヒト
35 30 25 20 15 10 5
（100万年前）

図5-1●現生の霊長類の系統樹

視線理解の系統発生と個体発生に関して、これまでに得られた知見を概説する。そして、こうした視線理解を支えていると考えられる、注意の反射的シフトに関する研究をいくつか紹介する。また、視線理解のさらなる発展系としての、他者の視覚経験の認知と心的状態の推論に関する諸研究を取り上げる。

2 視線の重要性とその分類

小林と幸島[41、42]は、さまざまな霊長類の目の形態を綿密に比較することによって、ヒトの目が極めて特殊であることを発見した。ヒトの目は、白目の部分が、他の霊長類に比して広く、その色も虹彩よりずっと白く、いわゆる黒目と白目のコントラストがはっきりしている。この様な形態的な特徴は視線がどこに向かっているかを他者に容易に判定させるという機能に反映される。このような機能は、より高次のコミュニケーションに適応したものであり、長い進化の過程で獲得されたものであると考えられる。

バロン・コーエン[43]は、視線によるコミュニケーション・システムを内包するモデルを提案した（図5-2）。心の理論獲得へと導かれるモジュール・システムとして、たとえば、意図検出器モジュール

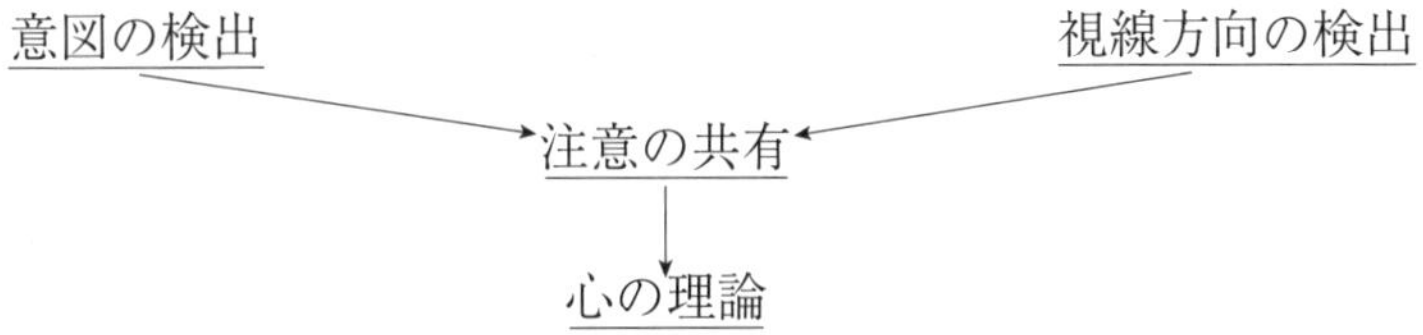

図5-2●心を読むメカニズムのモデル（バロン・コーエンのスキーマ）

（Intentionality Detector：ID）によって、われわれは、動いている物体に何らかの意図を想定する。また、視線方向検出器モジュール（Eye Direction Detector：EDD）は、他者の視線がどこに向かっているかということ解釈を可能にする。これらのモジュールは、九ヶ月くらいまでに発達する。共有注意メカニズム（Shared Attention Mechanisms）は、いわゆる三項関係が成立するのに関与している。たとえば、AさんとBさんが、同時にCという対象を見ており、お互いに同じものに注意を向けていることを自覚することを、可能にするのである。このモジュールは、一八ヶ月くらいまでに発達する。そして最後の、心の理論モジュール（Theory-of-Mind Mechanism：ToMM）は、「信念—欲求の推論」とほぼ同じように解釈されており、四歳くらいに成立すると考えられる。

これに対して、ペレットとエメリー[44]は、すべての潜在的な注意の手がかりになるもの、たとえば、目、頭、もしくは身体の向きなどを検出するモジュールとして、注意方向検出器（Direction of Attention Detector：DAD）を、そして、相互注視を検出するモジュールとして、相互注意メカニズム（Mutual Attention Mechanism：MAM）を提案している。共同注意には（Joint attention）、視線方向検出器（ＥＤＤ）もしくはこの注意方向検出器（ＤＡＤ）が活性化することが求められ、これに対して、共有注意（Shared attention）には、視線方向検出器（ＥＤＤ）または注意方向検出器（ＤＡＤ）と相互注意メカニズム（ＭＡＭ）の活性化が必要とされるとした。

また、エメリー[45]は、視線を、社会的シグナルの機能から、図5-3のように鮮やかに分類している。

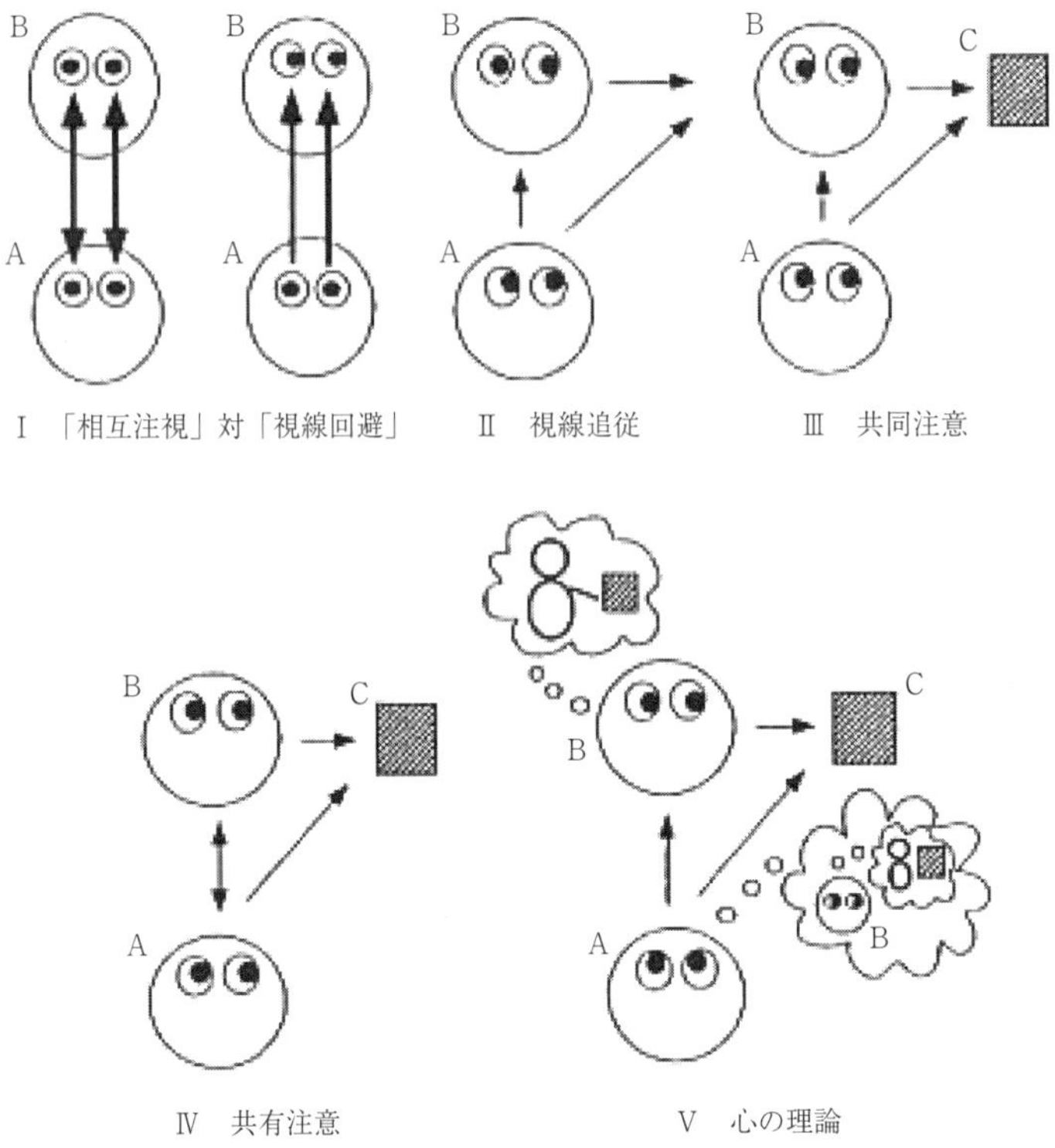

図5-3●エメリーの示した視線モデル

図中のⅠの左に示されている相互注視（Mutual Gaze）では、二人の注意が互いに相手に向かっており、右側の視線回避（Averted Gaze）では、AはBを見ているが、Bの注意はどこか別のところに向かっている。Ⅱの視線追従では、AはBの視線を追従するが、視線の先に具体的な対象はない。Ⅲの共同注意は、基本的には視線追従と同じであるが、Bの見ている先に具体的な対象が存在する。Ⅳの共有注意は、相互注視と共同注意が組み合わされたもので、両者の注意は、お互いの相手と対象との両方に向かっている。Ⅴは、心的状態の帰属もしくは心の理論と呼ばれるもので、おそらく、ⅠからⅣのプロセスがすべて含まれていると考えられる。そしてこれは、視線を向けている対象に対してBが持っている意図や信念を、推測できる状態である。エメリーは、社会的な注視に、以上のような段階を想定したのである。

さて、一般に「視線」とは、目が見ている方向、もしくは、外界の光点と網膜上にあるこれの像とを重ねた直線と定義される。しかしながら、ここでは、目の動きのみならず、頭部の動きを含む注視の方向も、視線と呼ぶことにする。視線を注意方向の指示機能を持つ存在として捉えるならば、そこに頭部の動きも含まれるからである。身体方向もまた、注意に関する重要な情報を含むと思われるが、より視線に重きをおくため、ここでは特に身体方向については触れない。

3　視線理解における個体発生と系統発生

われわれの日常生活を改めて振り返ってみると、視線が実に重要な機能を持っていることが、容易に理解される。直接的なコミュニケーションは、視線を交錯させることから始まるだろうし、会話の進展の仕方に視線が大きな意味を持つことということは、非言語的コミュニケーション論の領域から、報告されている。ヒトの赤ちゃんは、きわめて早い時期から、顔に対して特異的な認知をするようだが、特に目の周辺部に対する注視が多くなるという。すなわち、目に対する感受性は、ヒトの乳児にはかなり早い時期から備わっているということである。ミュールら(46)は、五ヶ月児が、自分に向かっている視線と他のところを見ている視線を区別して、自分のほうに向かっている視線に対しては、微笑(スマイリング)を多く示すことを報告している。

他者の視線がどこに向かっているかを同定する乳児の能力を、最初に示したのは、スケーフとブルーナー(47)であろう。彼らの実験では、乳児が大人と向かい合って座った状況で、十分なアイコンタクトを取った後、大人が右側か左側へ視線を向けた。こうした条件で実験をおこなうと、たとえ二ヶ月児であっても、大人が視線を向けた側を追視することができた。一四ヶ月児になると、実験に参加した全ての乳児が大人の視線を追従したという。すなわち、きわめて初期の乳児であっても、相手の注意の方向が変化したことに気づき、自分も同じ方向に注意を向けることができるのである。

バターワースとジャレット[20]は、スケーフらのパラダイムにのっとって、六ヶ月児、一二ヶ月児、および一八ヶ月児を対象に、組織的な実験をおこない、視線追従の発達に三つのメカニズムがあることを発見した。図5－4に実験場面の概略を示した。三つのメカニズムは、以下のようなものであった。まず、生後六ヶ月ころ、母親の見ている一般的な方向（乳児の視野内にある右か左か）を追視できるようになり、これを「生態学的メカニズム（Ecological mechanism）」と呼ぶ。次に、一二ヶ月ころ、視野のなかにある特定の刺激を見ることができるようになり、これを「幾何学的メカニズム（Geometrical mechanism）」と呼ぶ。六ヶ月児の段階では、同じ側にターゲットの刺激が二つあった場合に、大人が二番目の刺激を見ても、乳児は最初の刺激にとらわれて、次の刺激に視線を移すことができない。ところが一二ヶ月のこの時期では、最初に目に入った刺激にとらわれることなく、二番目の刺激に視線を移すことができるのである。最後は一八ヶ月ころ、乳児は自分の視野の外にある刺激、たとえば乳児の後方にある刺激を、振り返って見ることができるようになり、これは「表象的メカニズム（Representational mechanism）」と呼ばれる。この時期には、他者の眼球の動きだけを見ても、それが指示するターゲット刺激を見るということが、報告されている。すなわち、一八ヶ月になると、自己の身体を越えて空間は広がり、自分の視野にないフィールドにも他者が視線を向けること、そしてその視線の先に物体が存在することを想定できるようになるのである。

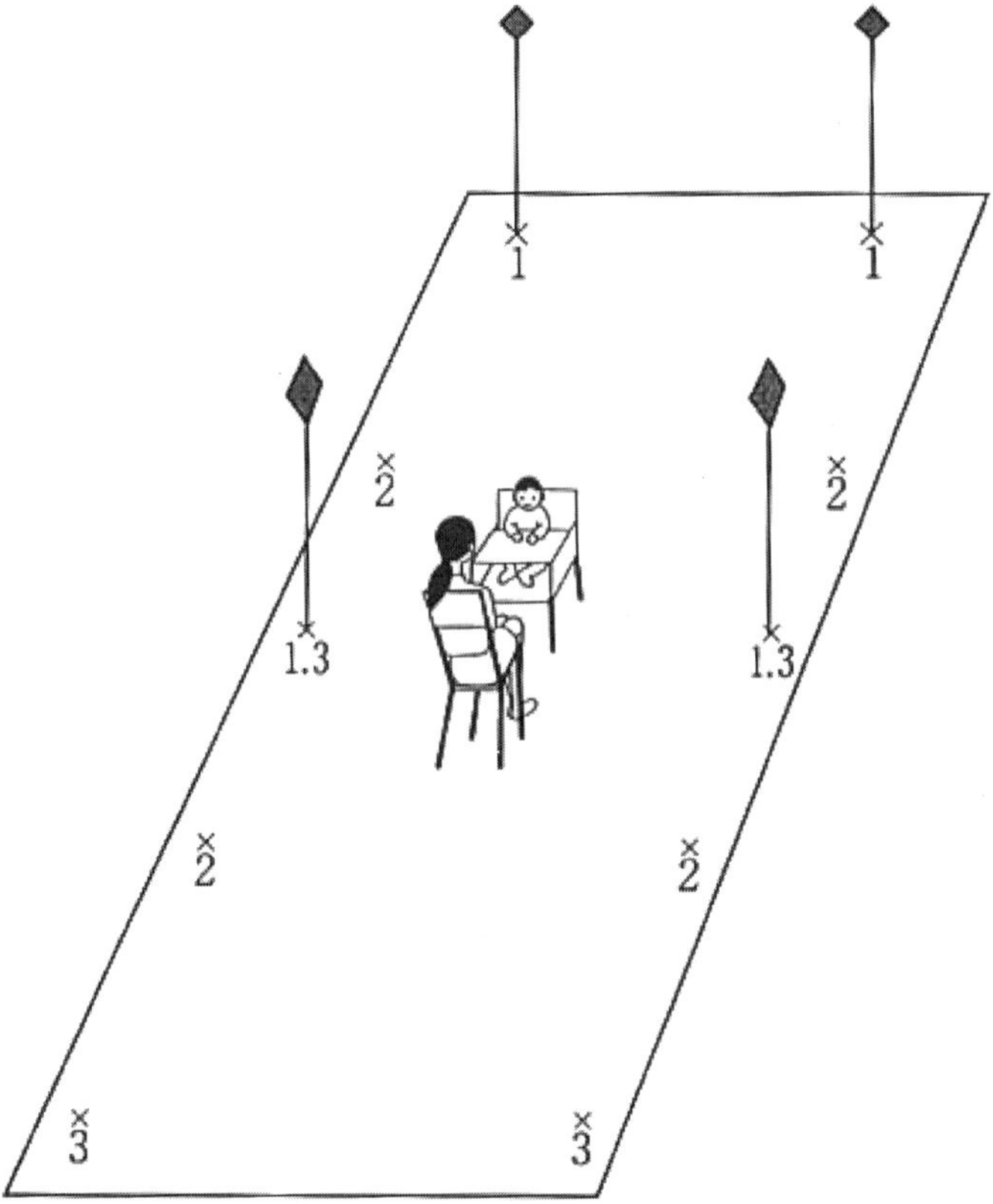

図 5-4●バターワースによる共同注視の基本的な実験パラダイム
生態学的メカニズム（6ヶ月）：パートナーが 1. 3 の刺激を見たときに、その刺激がある側を見ることができる。
幾何学的メカニズム（12ヶ月）：パートナーが 1 を見ても 2 を見ても、その両者を区別して見ることができる。ただし、刺激が視野内にある場合。
表象的メカニズム：パートナーが被験児の後方にある 1 の刺激、すなわち視野外にある刺激を見ても、それを見ることができる。

さて、系統発生的に見ると、こうした他者の視線理解は、ヒトのみに与えられた能力ではなく、他の霊長類一般にも見られることが報告されている。霊長類のように社会的に高次な構造を持つ動物にとっては、他者の注意がどこに向かっているのかを特定する能力は、きわめて重要だと思われる。餌のある場所や、捕食者の居る場所など、個体が生き抜いていく上で必要なさまざまな情報を、他者から得ることは、非常に効率の良い情報収集スタイルである。ヒト以外の霊長類のこうした能力は、「心の理論」に関する進化論的研究とあいまって、数多く報告されるようになった。

板倉[48]は、一一種の霊長類（ブラウンレムール、ブラックレムール、リスザル、フサオマキザル、シロガオオマキザル、ブタオザル、ベニガオザル、アカゲザル、トンケアンザル、チンパンジー、オランウータン）に対して、視線追従パラダイムを用いてテストをおこない、それぞれの被験体が実験者の指示する方向を追従するかどうかを調べた（図5-5）。この実験では、実験者が被験体の前に位置し、被験体とアイコンタクトを取ったあと、ゆっくりと被験体の右後方もしくは左後方を見る（頭＋目）、もしくは指さす（頭＋目＋指さし）という行動的な刺激を与えた。そのときの被験体の追従反応、すなわち彼らが実験者の指示した方向を振り向くかどうかが、記録された。

このような状況下では、チンパンジーとオランウータンだけが、実験者の指示する方向に正しく応答して振り向いた。すなわち、被験体となった一一種の霊長類のうち、類人猿であるチンパンジーとオランウータンだけが、実験者の注意のシフトに応じて、自分もそこに注意を向けることができたの

図5-5●視線追従の実験場面

である。さらに、ここで被験体となった霊長類が、この状況にどれくらい長く連続して参加していたのかを分析したところ、チンパンジーが最も長く、その他の被験体は、こうした状況に長く参加すること自体がなかった（オランウータンの場合は、トレーナーが実験者となったため、この分析からは除外した）。ポヴィネリとエディ(49)も、目の動きだけ（eyes alone）で後方を指示する課題をチンパンジーに対しておこなっており、チンパンジーは実験者の目の動きからだけでも、指示された方向を振り向くことを報告した。さらに、実験者の視線の先がチンパンジーから見えないようにバリアボードを置いた状況であっても、被験体は、ボードの裏側を見ようとするような行動を示した。チンパンジーは、実験者の目の動きに対しても感受性が高いこと、また、実験者の視線の先が見えなくても、そこに何かが存在していることを想定するらしいことが示されたわけである。

トマセロら(50)は、さまざまな種類のバリアを用いて、ポヴィネリらと同じような実験をおこなった。実験者は、居室の中のチンパンジーと向かい合ってアイコンタクトを取ったあと、チンパンジーからは直接見えない場所、たとえば、溝の中、壁の向こう側、隣の居室などに視線を送った。チンパンジーは、実験者がそうした行動を取ったときには、たとえ自分からは見えない場所であろうとも、その場所に有意に多く視線を送ることがわかった。直接には見えていなくても、チンパンジーは、実験者の視線の先に何かを想定したのであろう。さらに、次の実験では、チンパンジーが、視野内にあるディストラクター（妨害刺激）に捉われることなく、実験者の見ている場所に視線を移すことが示された。この実験では、最初、実験者が壁にあるターゲットの場所を見て、次に自分の近くに置かれた人形（ディストラクター）を見て、最後に、再びターゲットの場所を見た。こうした状況で、チンパジーは、最初はディストラクターである人形を見たが、そこに視線を停留させることはなく、ターゲットに向けられている実験者の視線を追従した。これは、バターワースとジャレットが、ヒト乳児の発達段階で、「幾何学的メカニズム（Geometrical mechanism）」と呼んだ段階にあたる。チンパンジーにも、視線追従におけるこのようなメカニズムが認められたのである。

一方、アンダーソンらは、全く新しい別のパラダイムを考案し、ヒト以外の霊長類の視線追従能力を調べた。「実験者手がかり選択課題（Experimenter-given cue in object-choice task）」である。この課題では、ウイスコンシン汎用テスト装置（WGTA）に類似した装置を用いた選択課題場面を用い、実験者が視線や指さしなどの行動で方向を指示する手がかりを与えて、被験者に正しい選択肢を選ばせる。アンダーソンらは、この方法を用いて、アカゲザルやフサオマキザルが、実験者の指さしなどのジェスチャーを選択課題の手がかりとして使用できることを発見した。しかし、アカゲザルやフサオマキザルが実験者の視線を利用するという証拠は、得ることができなかった[51、52]。板倉らも、この方法を修正し、フサオマキザル、チンパンジー、オランウータン、ヒト乳幼児を対象として一連の研究をおこなっている[48、53、54]。

基本的には選択課題で、手続きは以下の通り、共通していた。実験は、実験者が与える行動的な指示手がかりによって、五つの段階に分けられた。(1)タップ条件：実験者が正しい方の対象物を人さし指で軽く叩く、(2)指さし条件：実験者が正しい方の選択肢を指さす、(3)視線条件1：実験者が正しい方の選択肢に顔を近づけて見る、このときの顔と選択肢の距離は約一五センチメートル、(4)視線条件2：実験者が正しい方の選択肢を見る、このときの顔と選択肢の距離は約六〇センチメートル、(5)眼球運動条件：実験者が頭を動かさないで目だけ動かして正しい選択肢を見る、以上であった。

一連の実験の結果（図5-6参照）、フサオマキザルは、頭と目のコンビネーションの手がかりまでは使用できたが、目だけの指示による手がかりを、正しい選択肢を選ぶための刺激として使することは用できなかった。これに対して、チンパンジー、オランウータン、およびヒト乳幼児は、目だけの手がかりでも正しい選択肢を選択できた。

さらに、板倉ら[54]は、同様の手続きでチンパンジーのテストをおこない、実験者が指示手がかりを与える際に、フードバーク（食餌に関連したチンパンジーの発声）と呼ばれるチンパンジーの音声をまねて聴かせると、よりその効果が高くなることを示した。また、井上ら[55]は、動物園で飼育されているテナガザルも、先に述べたチンパンジーと同様に、目だけの手がかりを使用できることを報告している。ここでは、被験体となった個体がいかにヒトの飼育環境やヒト自体に馴染んでいるか、すなわち、エンカルチュレーション（enculturation）の重要性が考察されている。

以上の報告では、実験者の視線に対して的確に応答したのは、類人猿だけであった。しかしながら、

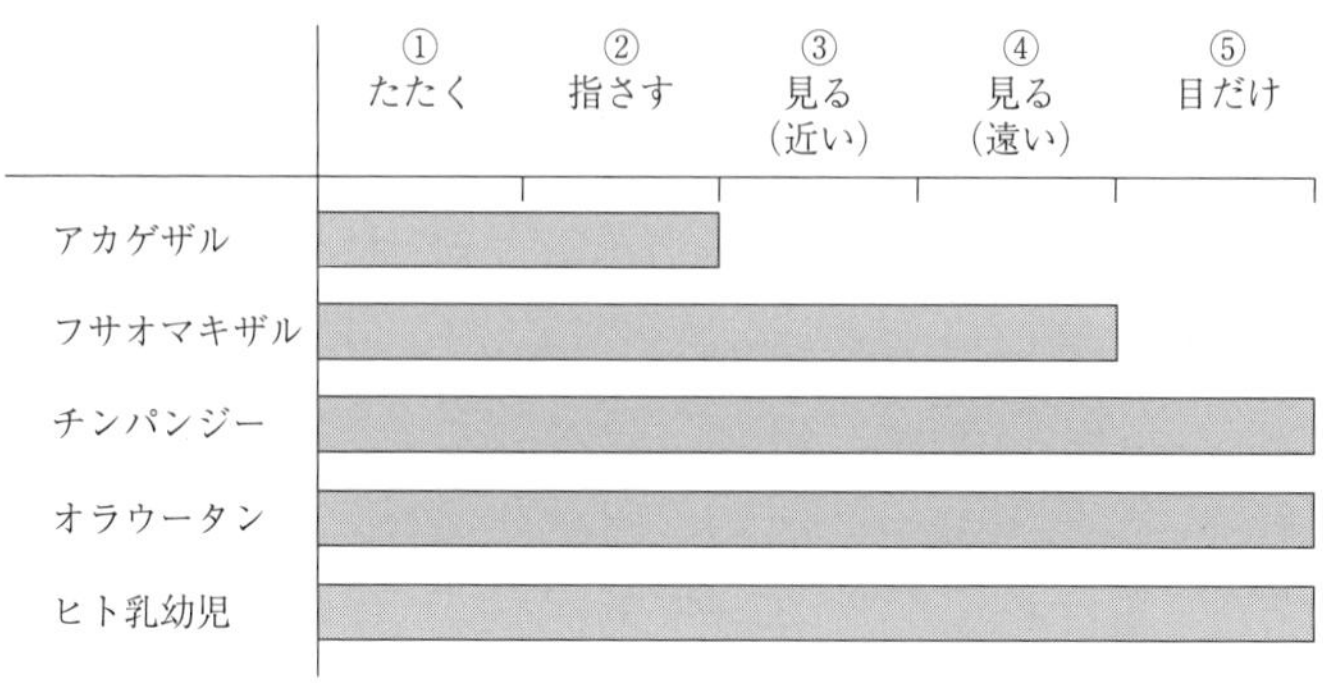

図5-6●実験者手がかり選択課題の結果の概略

すでに神経生理学の分野から、アカゲザルは、ヒトやサルの顔に特異的に反応する脳部位があることが報告されている。また、顔の向きや目に対する神経細胞も発見されている。

こうした報告を考慮すると、状況さえうまくセッティングしてやれば、アカゲザルでも視線理解の能力を発揮する可能性がありそうである。その後の報告によって、アカゲザルでも同じアカゲザル同士であれば、相手の視線を追従することがわかった。たとえば、エメリーら[56]は、同種が映っているビデオ刺激が、アカゲザルの視線追従行動を誘発することを示した。実験では、アカゲザルが自分の左右にある同一の二つの刺激が動くのを見ている場面、および、統制（コントロール）条件として、二つの刺激だけがあって、それを見ているアカゲザルがいない場面の映像が、提示された。それぞれの場面の映像を見ている被験体のアカゲザルが、どちらの方向により多く視線を向けたかが記録された。その結果、刺激を見ている同種の個体のいる場面を提示されたときは、アカゲザルは、その個体が見ている方の刺激を有意に長く見ていたことが示された。しかし、統制条件では二つの刺激を同じように見ていた。明らかに、ビデオの中の同種個体の視線が手がかりとなって、アカゲザルの視線追従行動が誘発されたのである。

同種間で、視線追従が見られることは、トマセロら[50]からも報告されている。トマセロらは、五種類の霊長類（チンパンジー、マンガベイ、アカゲザル、ベニガオザル、ブタオザル）が、実験者により提示された食物に向けられる他個体の視線を、一秒以内に八〇％以上の頻度で追従することを報告した。

アンダーソンら[57]がおこなった実験は、アカゲザルが高い確率で実験者の視線を追従することを示している。彼らは、この結果とこれまでの他の報告との違いを、実験者と被験体の間の社会的関係のあり方の違いによるものであると解釈している。

4 反射的注意のシフト

発達的な知見から、新生児であっても、他者の閉じた目よりも開いた目に対する注視時間が長いことが示されているし、生後四ヶ月くらいまでには、他者の視線の方向を弁別できることが知られている。他者の視線理解を支える下位のメカニズムとして、このような目そのものに対する感受性が関与した、反射的注意のシフトが想定される。反射的注意のシフトとは、他者の視線の方向に自分も反射的に注意を向ける反応のことである。近年、ポズナー[58]の「手がかりパラダイム（cuing paradigm）」を用いて、この反射的注意のシフトに関する報告が盛んにおこなわれるようになった。このパラダイムでは、固視点の右側もしくは左側に出現するターゲットを検出することが、被験者に求められる。ターゲットの出現前には、被験者に右もしくは左を指示する手がかり、たとえば、固視点の周辺に呈示されるフラッシュ刺激などが、指示刺激として与えられる。このとき、被験者の反応が指示刺激と一致した方向に見られれば、その刺激がトリガーになったことを示す。フラッシュなどの刺激の代わりに、ある方向に視線が定まった写真や顔様の線画を指示刺激として用いる実験も盛んにおこなわれており、被験者は、写真や線画の顔が視線を向けている方向に注意をシフトすることがわかっている(59-61)。さらに、成人のみならず、きわめて初期の発達期にある乳児においても、同様の反応が見られることがわかってきた。たとえば、フードら(62)は、前述の実験と同じ方法を用いて、四〜五ヶ月齢の乳児が、注意のシフトを示すことを報告した。視線というのは、それが写真であってもスキーマティック(模式的)な顔様の刺激であっても、注意を自動的もしくは反射的にシフトするトリガーになり得るのである。

板倉は、前述したパラダイムに類似した方法を用い、乳児が線画や人の顔写真の眼球の方向に合わせて、自分の眼球の動きをシフトするかどうかをテストした(63)。図5-7に使用された刺激の例を示した。まず、空白のコンピュータ画面の中央に固視点が呈示される。実験者は、乳児の様子をモニターしており、乳児が固視点を見たと判断したら、刺激を呈示した(図5-7参照)。刺激としては、顔写真または顔様の線画がコンピュータ画面の中央に、その両側にターゲット刺激が呈示された。乳児の眼球の動きは、ビデオカメラによって記録された。結果は、成人と同じような高い頻度ではないが、たとえ七ヶ月の乳児であっても、呈示された指示刺激に応じて視線をシフトすることを示すものであった。この研究は、フードらの研究とは異なり、ただ単に乳児の眼球運動を記録したものであり、直接的に注意のシフトに迫るものではない。しかし、乳児の眼球運動が、画面中央に呈示された顔の視

図5-7●注意シフト実験の刺激例

線と一致した方向に生起するということは、大変興味深い事実である。眼球の動きが注意のシフトと同じであると考えると、こうした結果は、前述したフードらの報告と何ら矛盾するものではない。

千住と長谷川は、健常児と自閉症児を対象に、同様の実験をおこなっている。その結果、両群の被験児とも、手がかり刺激である顔の視線の方向が、ターゲット刺激のある方向と一致しているとき、一致していない試行よりも有意に早く、ターゲットを同定することがわかった[64]。反応時間は、健常児の方が若干早かったが、いずれにしても、このように自動的に立ち上がるような注意のシフトでは、健常児でも自閉症児でも同様の傾向が見られたのは、実に興味深い。千住らの報告は、自閉症児の共同注意に関して考察する上で、今後の研究に貴重な示唆を与えるものである。またリーカムらは、自閉症児は、ターゲットの幾何学的な同定、すなわち手がかりとなる顔がどのターゲット刺激を見ているかを尋ねられた場合には、どれを見ているかを正しく答えることが可能であるが、自発的に他者の視線をモニターするのは困難であることを報告している[65]。

では、このような眼球の動きのシフトは、ヒト以外の霊長類にも見られるのだろうか。神代・板倉・鵜殿は、チンパンジーを対象に、前述したような刺激に誘発されて、注意のシフトが生起するかどうかを検討した[66]。この実験では、大きなボードパネルを刺激装置として用いた。パネルの中央に、やはり写真や線画の顔刺激を設置し、その両側に、ターゲット刺激としてバナナやリンゴの写真を呈示した。このターゲット刺激は、パネルの背面から実験者が操作でき、パネル中央から両端に向かって、それぞれ動かすことができた。手続きは、以下の通りであった。チンパンジーに、檻越しにパネルを呈示した。刺激を操作する実験者は、チンパンジーからは見えないパネルの後ろ側に位置した。パネルには、直径一センチメートルほどの穴が開けてあり、実験者は、チンパンジーの眼球の動きを直接観察することができた。また、もう一人の実験者が、少し離れたところに位置して、そこからもチンパンジーの眼球の動きを記録した。刺激のセッティングが終わり、チンパンジーがパネルの正面を向いたと判断されたら、パネルの後ろにいる実験者は、両側のターゲット刺激をパネルの外側に動かした。そのときのチンパンジーの眼球の動きを、両実験者が観察したのである。チンパンジーは、動く刺激を目で追いかける。この実験では、実験者によって動かされる二つのターゲット刺激を追従するときに、パネル中央に設置された指示刺激によって、どのようなバイアスがかかるのかが、検討したわけである。指示刺激としては、女性の顔写真が左もしくは右を見ているもの、同じ人が正面を向いたまま目だけを左右に動かしているもの、そして線画の顔の目が左右に向いているものが用いられた。結果は、チンパンジーは、すべての指示刺激に対して、その視線の方向と一致したターゲット刺激を見る傾向があるということを示していた。すなわち、チンパンジーは、中央に設置された指示刺激の視線や顔の方向に対して、何らかの感受性を持っており、それが、指示刺激と同じ方向に視線を動かすという行動に反映されたのである。

しかしながら、ポズナーらと同じようなパラダイムを使った実験では、ヒヒにおいてもチンパンジーにおいても、否定的な結果が報告されている。ファゴ[67]は、フリーセンとキングストン[61]の課題を用い、ヒヒにおける視線方向検出器モジュール（EDD）の存在を確認しようと、一連の実験を試みたが、肯定的な結果は得られなかった。実験では、スキーマティックな顔刺激やヒトの顔写真などを使用し、ヒヒの視線方向の処理に関する検討がおこなわれた。顔刺激の目の部分および口の部分には黒い楕円が描かれており、実験者はその位置（右よりもしくは左より）を操作し、被験体にターゲット刺激であるアルファベットFまたはTの同定を求めた。ヒト成人および乳児は、顔刺激の視線方向と一致したほうのターゲット刺激を、より早く発見することができた。しかしながら、ヒヒの場合では、このような効果はまったく見られなかった。ファゴは、ヒヒに対する顔刺激の呈示時間を延長したり、目の辺りに対して注意を向けるようヒヒを訓練したりしたが、視線が指示する方向は、ターゲット刺激の同定に関して、いかなる影響も与えなかった。最終的にファゴは、ヒヒは視線方向に対する自発的な処理はおこなわず、視線方向検出器モジュール（EDD）の存在を確認することはできなかったと結論づけた。また、友永もチンパンジーを対象として同様の実験をおこなっているが、やはり否定的な結果を得ている[68]。

それでは、ファゴや友永らの結果と、神代・板倉およびエメリーらの結果（前節を参照のこと）の相違は、何に起因するのであろうか。そもそも、神代・板倉およびエメリーらの実験では、被験体の視線の動きのみを記録している。これに対して、ファゴや友永の実験は、被験体がターゲットの文字を同定し、ジョイスティックまたはタッチパネルで反応するという、知覚的・認知的課題であった。この実験では、行動的な反応を引き出さなければならず、実は眼球のシフトは生起していても、求められている反応は出現しなかっただけなのかもしれない。ファゴや友永らの実験での被験体の眼球の動きを検討してみたいところである。

5 ヒト以外の霊長類は「見る—知る」の関係を理解するか

心の理論では、「見る」という行為と「知る」という行為のリンク、すなわち「見ることと知ることの関係の理解（seeing-knowing relationship understanding）」が大変重要だとされている。ヒトは、他者の見るという行為から、その他者の心にあるものを類推することができる。

ヒト以外の霊長類の心の理論研究では、ポヴィネリら[69]がこの領域のパイオニアであろう。以下、ポヴィネリらの実験を簡単に紹介する。まず、チンパンジーに複数個のカップを呈示し、チンパンジーからは見えないように、一つのカップに餌を隠した。実験室には、餌を隠す実験者（A）と、その様子を見ている実験者（B）、そして餌を隠すときには部屋を出ていて何も見ていない実験者、すなわちどのカップに餌が入っているか知らない実験者（C）が同席していた。餌隠しの手続きが終了してから、被験体であるチンパンジーの前で、BとCふたりの実験者がそれぞれ異なるカップを指さす。そして、チンパンジーがどちらのカップを選択するかを調べたのである。その結果、チンパンジーは、餌を隠している場面を見ていた実験者Bの指さしたカップを、有意に多く選択した。さらにポヴィネリらは、これと同じ手続きで、アカゲザルやヒト幼児（三歳児、四歳児）を対象としてテストをおこなった。[70、71] アカゲザルでは、何試行繰り返しても、カップの選択率が有意になることはなかった。一方、ヒトの三歳児では、アカゲザル同様、おもちゃを隠している様子を見ていた実験者の指示するカップを選択することはできなかったが、四歳児はチンパンジーと同じように正しい方を選択することができた。この結果は、「心の理論」研究における「誤信念課題」の年齢分布と一致している。ポヴィネリらは、チンパンジーは、見るという行為がその個体の心的世界とつながるものであること、言い換えれば、目は他者の外界と心とをつなぐものであることを理解できると結論した。しかしながら、話はそう単純ではなかった。その後、ポヴィネリらの実験では、同じテストを繰り返しておこなったため、結果的に、アカゲザルに学習の機会を与えたデザインになっていた。そこで、詳細にデータを分析したところ、やはり連合学習の可能性が高いことがわかった。つまり、チンパンジーが「見る—知る」の関係を理解したという確証は、この実験からは得られていなかったのである。

　ところが、最近ヘアーら[72]が実に巧妙な方法で、この能力がチンパンジーに備わっている可能性を示した。まずチンパンジーのホームケージを使って、劣位個体一頭と優位個体一頭を別々の部屋に分けた。そして、餌を二つ用意し、まん中の部屋に置いた（図5－8参照）。その際に、(1)一方の餌は両方の個体から見えるが、もう一つの餌は優位個体からしか見えない、(2)二つの餌は両方とも両個体から見える、(3)一方の餌は、両個体から見えるが、もう一方の餌は劣位個体からしか見えない、という三つの条件を設定した。そして、それぞれのドアを開け、どちらの個体がどちらの餌を獲得したかを調べたのである。

ヘアーらの仮説は、もし、劣位個体が、優位個体には壁の蔭に置かれている餌が見えないと知っていれば、どちらからも見える餌ではなく、その優位個体からは見えない餌を取りにいくだろう、ということだった。結果は、見事にヘアーらの仮説を証明していた。劣位個体は、ドアが開くと一目散に、衝立の陰に置かれた餌を取りにいったのだった。劣位個体は、自分には見えている餌が、相手の優位個体には見えていないことを知っていて、そうした行動を取ったと考えられる。相手に何が見えていて何が見えていないかを、ちゃんと知っていたわけである。次の実験でヘアーらは、このことをより強く支持するデータを得ている。先述した実験場面と類似しているが、今度は、劣位個体はどちらの条件でも、実験者が壁の蔭に餌を隠す場面を見ているのだが、優位個体が実験者の餌隠しを見ている場合と見ていない場合という、二つの条件を設定した。この実験の結果、劣位個体は、優位個体が実験者の餌隠し場面を見ていた場合は、たとえ、それが壁の蔭にある餌であろうと、取ることを回避したのである。ヘアーらは、ポヴィネリらが、ヒトとチンパンジーという異種間同士の実験では見出せ

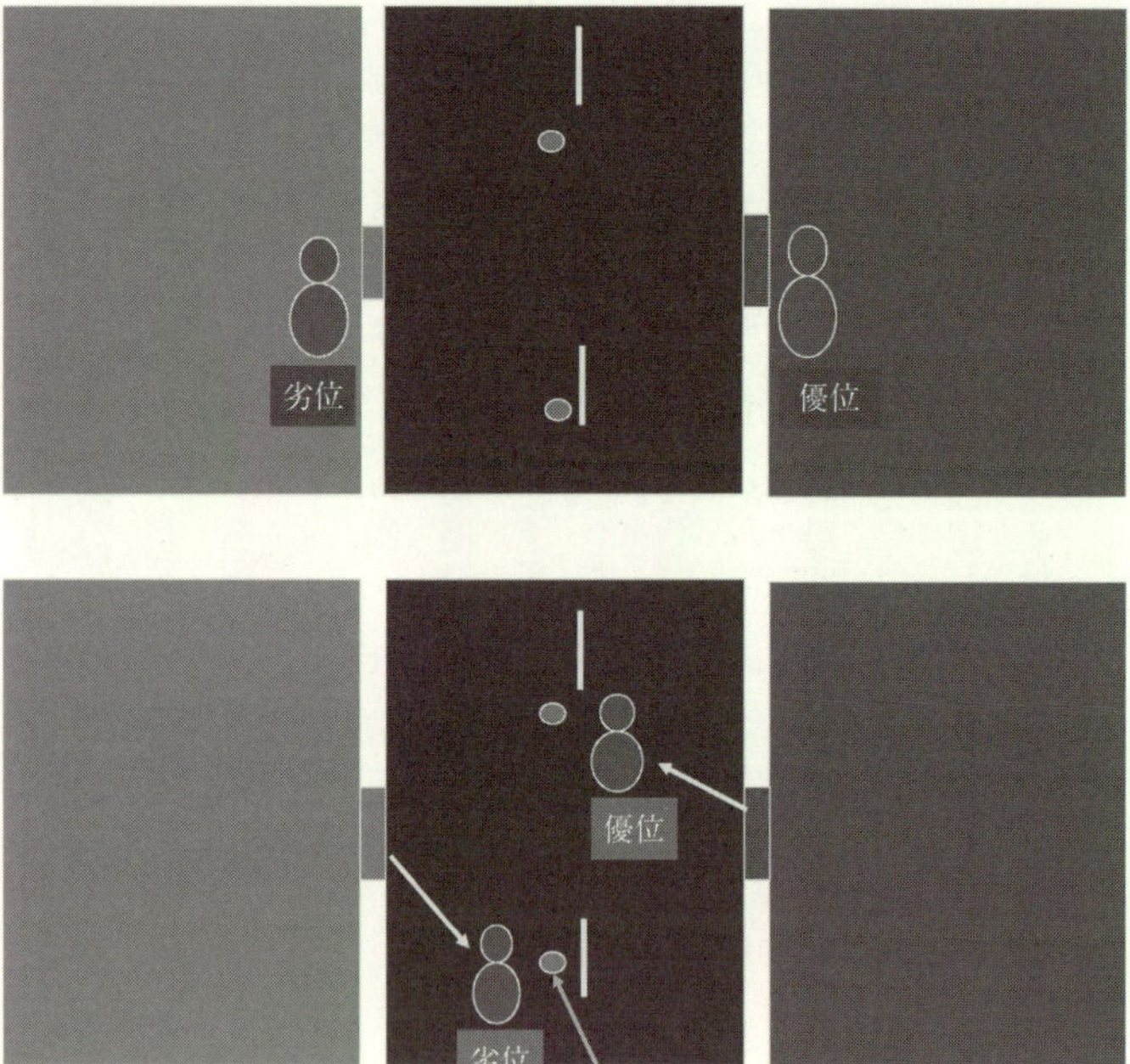

図5-8●ヘアーらによるチンパンジーの「見る—知る」関係理解の実験

なかった「見ることと知ることの関係」の理解を、こうした同種間での社会的競合場面に持ち込むことで、チンパンジーのすばらしい能力を実に鮮やかに示してくれたのだ。

ヘアーらの実験と類似した場面を用いて、平田と松沢[73]もチンパンジーの「見る—知る」関係の理解に関する能力を示している。彼らは、二頭のチンパンジーを対象にして、以下のような実験をおこなった（図5-9参照）。

二頭のうちの一頭のチンパンジーだけが、実験者が放飼場のどこかに食べ物を隠しているところを見ていた。つまりこの個体は、食べ物の隠し場所を知っていたわけである。もう一頭は、実験者が食べ物を隠す場面を見てはいなかったが、「実験者が食べ物を隠すのを見ているチンパンジー」を見ることができた。このあと、実験者らは二頭のチンパンジーを放飼場に放し、それぞれの個体の行動を詳細に観察した。その結果、隠し場所を知らない個体は、隠し場所を知っている個体のいく方向に先回りして、餌を先に見つけようとするような行動を示した。明らかに他者の持つ「知識」を利用して、駆け引きをおこなっているらしいことがわかった。ヘアーらの実験と平田らの実験から、社会的文脈の中では、チンパンジーも見ることと知ることの関係を理解し、またそれが他者の知識となっていることも理解しているということが明らかとなったのである。しかしながら、ポヴィネリら[74]は、一連の実験を通して、たしかにチンパンジーは、他者の目や顔の情報を処理するし、コミュニカティヴなやり取りもおこなうが、それでもやはり、それが視覚的注意やコミュニカティヴな意図といったような、

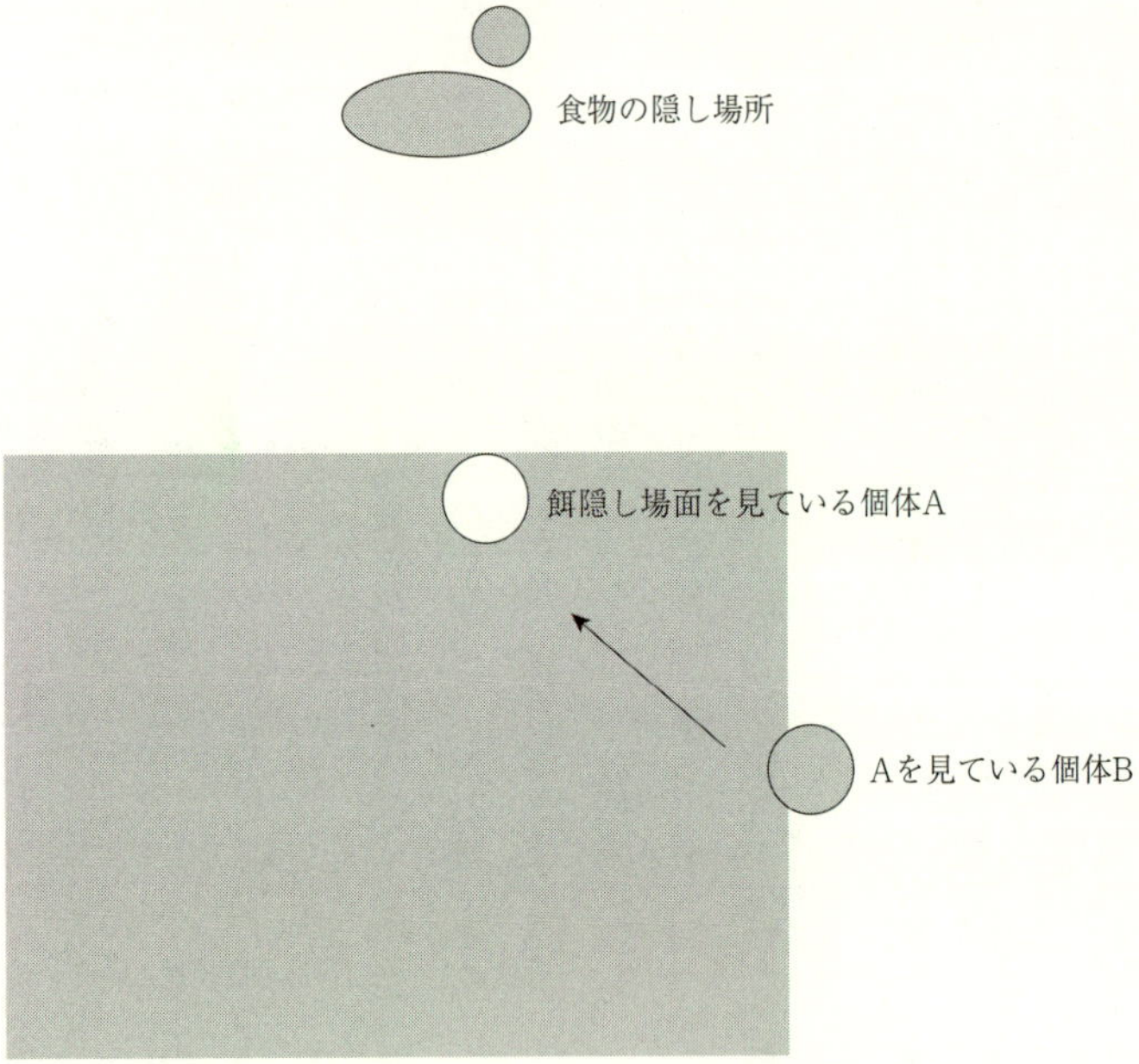

図5-9●平田らによるチンパンジーの「見る―知る」関係理解の実験

心的状態の類推を背景としているという解釈はできないと結論している。この論争は、まだまだ続いている。最近では、『認知科学の動向（*Trends in Cognitive Science*）』という雑誌の中で、トマセロらが[75]、チンパンジーにおける他者の心的状態の認識に関して意見を述べている。トマセロらは、一九九七年に出版した『霊長類の認知（*Primate Cognition*）』という本の中で、過去におこなわれた膨大な研究報告をレビューし、ヒト以外の霊長類であっても確かに同種の行動は理解するが、しかし他者の心理的な状態に関する理解はほとんどしないと結論づけていた。言い換えれば、ヒトとそれ以外の霊長類を分かつものは、他者の心的状態の推論をおこなうか否か、ということだと主張していたのである。しかしながらトマセロらは、その後のチンパンジーを対象とした一連の研究から、チンパンジーは他者の何らかの視覚的な経験を理解していること、またそれに関連して、他者が何を見ているかをも理解していること、さらに、少し前に他者が何を見たかをも理解していることを報告し、チンパンジーは、少なくとも他者の何らかの心理的状態を推論すると主張するようになった。さらに、トマセロらは、チンパンジーの意図理解にまで言及し、チンパンジーは、他者の行動が意図的であるか偶発的であるかを、他者の目に見える行為に基づいて弁別しているとした。そして、今後は、こうした心理的状態の推論が、何に対してなされるのか、またそれがどの程度のものであるのか、といったことを、実証的な研究に基づいて検討しなければならないと結んでいる。逆に、同じ雑誌の同じ号の中で、ポヴィネリら[76]は、やはりチンパンジーには、他者の心的状態を類推することによる問題解決は困難であり、自分が同様の体験をすること自体が重要だとの見解を示している。

神代ら[77]の、ニホンザルを対象とした報告の中でも、興味深い実験がおこなわれている。この実験では、実験者の目をサングラスで覆った場合と、何もしない状態とで、ニホンザルの指さしの頻度を比較したところ、サングラスをかけた場合に、有意に指さしの頻度が減少することがわかった。また、次の実験では、顔のいろいろなパーツ（目、口、鼻、額）を覆い隠し、指さしの発現頻度を比べると、目を覆った条件では、他の部位を覆い隠した条件よりも、明らかに指さしの頻度が少なかったのである。つまり、このニホンザルは、実験者が見えていないと思われるときには指さしはおこなわなかった。ここにも、「見る―知る」の関係の理解の萌芽が垣間見られる。しかしながら、この目に関する事実について、チンパンジーではまだ肯定的な報告はない。

6　視線理解研究の今後

本章では、視線理解に関するヒトとそれ以外の霊長類の類似点、相違点について、先行研究を紹介しながら論じた。まず初めに、今後この領域で有効となるであろうと思われる進化発達心理学の概念を示し、次に、視線がなぜ重要なのかをコミュニケーションの観点から論じ、またエメリーによる社会的視線の分類を紹介した。さらに、ヒトとヒト以外の霊長類における視線方向（眼球や頭部のオリエンテーションを含めた）についての理解を検討した。次の節では、こうした視線理解を支えるメカニズムとしての、注意の反射的・自動的シフトに関する研究を、ヒト以外の霊長類における実験的分析を中心としてレビューした。また、視線理解を基にした「見ることと知ることとの関係」の理解についても、特にチンパンジーのデータを中心に紹介した。

これまでの研究報告をまとめると、ヒトもヒト以外の霊長類も、他者の視線にはきわめて高い感受性を有し、それによって示される対象への方向を理解し、それを有用な情報として利用しているように思われる。こうした能力は、広く霊長類一般に共通のものであるらしい。チンパンジーではさらに、他者が何を見ているかを理解し、また見ている結果として、当事者がその事象に関する知識を得ているということを理解していることが、示唆されている。このことは、同種間同士の社会的競合場面をもちいた実験で顕著に示された。しかしながら反射的注意のシフトに関しては、他の霊長類では異なる結果が得られていた。チンパンジーでは、顔様の刺激が指示する方向と一致した方に眼球は動いたが、知覚的な課題では、こうした注意のシフトを示すような証拠を引き出すことができなかった。この違いが、何に起因するのかは、今後の検討を待たなければならない。

また今後は、相手が自分の働きかけを受け入れる状態にあるかどうかの理解、すなわち「注意の状態（attentional state）」の理解についても、データの蓄積が望まれる。実際に、チンパンジーでは、身体方向に対する感受性は高く、実験者が背中を向けている場合などにはおねだり行動（begging behavior）が見られないことが、ポヴィネリらにより報告されている。[78] しかしながら、実験者が目を開けている状態であっても、閉じている状態であっても、チンパンジーのその反応にはあまり変化が見られなかった。つまり、チンパンジーが注意の状態を理解するためには、目の開閉はあまり重要ではないとのデータが示されているのである。しかしながら、霊長類は一般に、目に対する感受性が極めて高いことも事実である。これらのことの整合性を考慮すると、まだまだ基本的なデータが少なすぎるというのが実情であろう。この、注意の状態の理解は、視線理解と「見ることと知ることの理解」の間に横たわるものとして、大変重要な意味を持つ。視線理解と、見ることと知ることとの関係の理解には、まだ大きなギャップがあるという観がぬぐえない。だが、このギャップのなかに、相手の注意のチャンネルが自分に対して開放されているか否かを判断して、相手に適切に働きかける能力を想定することができれば、暗示的な心の理論（implicit theory of mind）から明示的な心の理論（explicit theory of mind）への道筋が、よりよく説明されるかもしれない。いずれにしてもヒト以外の霊長類のこうした研究は、まだまだ圧倒的に少ない。今後、ますますこの領域の研究が活発になり、データが蓄積されることを期待する。

コラム05
column

見ることの理解――閉じた目と開いた目

僕がニューヨークのハンター大学に留学していたときに、コスタリカの首都、サンホセで国際比較心理学会が開催された。もう、二〇年も前のことである。そのとき僕は修士課程が終わったばかりで、日本でも学会発表をしたことがなかった。にも関わらず、当時アメリカ自然史博物館の教授であったエセル・トバック博士が、「ジョージ、コスタリカの学会で発表してくれるわね」と有無を言わさず、学会参加の登録をしてしまった。英語もろくに喋れなかったのに、僕の学会デビューは国際学会だったのである。コスタリカでは、サンホセ大学の学生さんたちが、ホストとして毎日食事に連れて行ってくれたり、街を案内してくれたりと大変な歓待を受けたが、その中に、ロレーナというきれいな女性がいた。その娘の目は翡翠のような深い緑色をしていた。「目」をトピックに、コラムを書こうとしたときに、想い出すのは、あの挑むような深い緑色の目なのである。女性の目に魅力を感じるのは僕だけではあるまい。どうやらヒトは大人も子どもも目には深い関心があるらしい。赤ちゃんが顔を見るときは、目の辺りをよく見るということは古くからわかっていることである。また、生後五ヶ月の赤ちゃんは、自分を見ている目とどこか他を見ている目を区別して、自分のほうに向かっている目を好んでよく見るらしい。比較的最近の赤ちゃんの目に対する感受性の実験を紹介しよう。新生児模倣の発見で著名な、アンディ・メルツォフらの研究である。赤ちゃんは、一歳前後に相手の視線を追従するようになる。つまり、相手の注意がどこに向かっているかを判断して、自分もそこに注意を向け

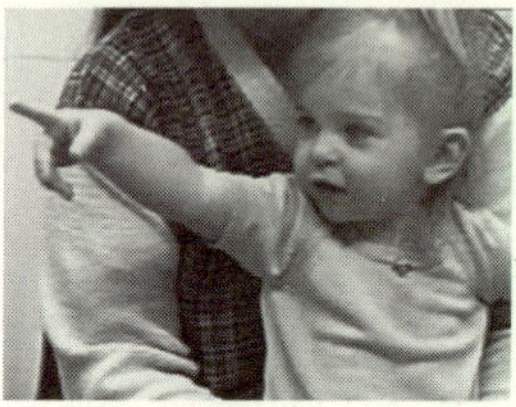

正しいほうのターゲットを指さしている18ヶ月児（Brooks & Meltzoff, 2002）

るのである。われわれは、相手が目を開けていればあるものを見ていると分かるし、目を閉じていれば、何も見ていないとわかる。では、赤ちゃんではどうなのだろう。メルツォフらは、一二ヶ月、一四ヶ月、一八ヶ月児を対象に、ユニークな実験をおこなった。これらの月齢の子どもが、目の役割の重要性、つまり目で見ていることを理解できるかを調べた。実験のセッティングは次のようなものであった。赤ちゃんの両側に色鮮やかな同じおもちゃが置かれた。実験1では、大人が目を閉じてどちらかのターゲット方向に頭を動かすか、もしくは、目を開けてターゲットの方向へ頭を動かした。この場合、後者が実際にターゲットを見ていることになる。このような状況で、子どもたちが、どちらの条件で、より頻繁に視線追従をおこなうか調べたのである。この結果、いずれの月齢の子どもでも、目を開けてターゲットの方へ頭を向けている条件のときによりよく追従した。実験2では、目をアイマスクで隠すかまたはヘッドバンドをしている（目は隠さないが、統制条件として似たものを頭につける）条件で、実験1と同様に、どちらかのターゲットに頭を向けた。この結果、一四ヶ月と一八ヶ月の子どもは、ヘッドバンド条件のときに、より多く大人の頭の方向を追従した。つまり、これらの月齢の赤ちゃんは、ただ単に頭の動いた方向に追従するのではなく、大人の目の状態にも感受性があり、それが追従行動を誘発しているのである。

Brooks, R. & Meltzoff, N. A. (2002). The Importance of Eyes: How Infants Interpret Adult Looking Behavior. *Developmental Psychology*, 38, 958-966.

第6章 まとめと展望

さて、最終章では、本書の第1章、第2章にすでに紹介したものと重複する場合もあるが、私がメンタライジングと呼ぶ心の発達を、月齢・年齢ごとに概略してみる（図1-3参照のこと）。そうすることによって、他者理解の大まかな理解が可能となるだろう。さらに、メンタライジングの研究において重要なると思われるロボットと乳幼児のインタラクションと統合を研究対象とする「ディヴェロップメンタル・サイバネティクス」を提唱してみたいと思う。

1　メンタライジングの発達の概略

まずは、生後〇～三ヶ月である。たとえ生まれたばかりの赤ちゃんでも、社会的知覚の原初的なものは十分に認められることが知られている。実は、誕生後から始めなくても、胎児期から社会的な知覚は成り立っている可能性が示されている。ドゥ・キャスパーは、胎児を対象に、妊娠期間中にお腹の赤ちゃんに向かって、韻文の朗読をおこない、誕生後朗読によって胎内で聞かせた文章と新奇な文章を聞かせ、その時の新生児の反応を分析したところ、胎児期間におそらく聞いていたであろう韻文に対して、より大きな反応が得られたという(79)。つまり、お母さんのお腹の中で聞いていた文章を覚えていたということになる。実際には羊水を通して聞くので、フィルターがかかったような聞こえ方をしているはずであるが、確かにお腹の中でもちゃんと聞いていたのである。また、私の友人のリーが、最近発表した報告では、胎児に母親と見知らぬ女性の音声を聞かせ、赤ちゃんの心拍数を測定したところ、両者の音声に対して心拍パターンが異なることを示した(80)。胎児でも母親と未知の女性の声を弁別していることがわかった。

さて、胎児期にも母親と知らない女性の音声の弁別をしているのだから、当然のことかもしれないが、新生児もダイナミックな音刺激に対する感受性を持っており、特にヒトの音声の方向を特定するのは容易である。それどころか、お母さんの声と見知らぬ女性の声とを区別し、お母さんの声を聴くために、サッキングのパターンを変化させる。また、生後すぐに、顔のように見える刺激を、同じ要素で構成されたスクランブル刺激よりもよく追視する[3]。生後四日の赤ちゃんが見知らぬ人の顔をよりも母親の顔のほうを長く見ることもわかった[4]。こうしたことは、新生児が、社会的な存在を区別していること、それが新生児にとって注意を払うべきものであることを示す。これらの能力は非常に有効な生き残りの手段であり、生得的とはいえないまでも、生物学的な側面が強調されるべきことかもしれない。

メルツォフとムーア[5]によって発見された新生児模倣は、大きな論争を呼んだが、多くの研究室でも追試可能なことが確認されており、確かに存在する現象である。大人が、赤ちゃんに向かって舌を出せば、それを見ている赤ちゃんも同じように舌を出す。ヒト新生児だけではなく、チンパンジーにも同様のことが報告されている。あまりにもセンセーショナルな報告で、面白い現象であったので、心理学の教科書には、必ずメルツォフの三つの顔（舌を出している、口を開けている、口をすぼめている）と、それに対応した赤ちゃんの顔が並んで掲載されている。誕生間もない赤ちゃんが、大人の表情を模倣する。新生児模倣は、舌出し以外のさまざまな動作、さらに情動的な表情に及ぶ。他者の心を見出すことの萌芽を見ることができそうである。

続いて、三〜六ヶ月の時期である。この時期の乳児は、ヒトに対する反応と、ものに対する反応が異なるようになってくる。ヒトに対しては、ものに対する場合よりも笑いかけや発声の頻度が高くなる。これを証拠として、社会的刺激に対する選好が生得的に組み込まれているのだと考える研究者もいる。顔の中の目に対する選好も、この時期に認められるようになる。それだけではなく、関節部分にポイントライトをつけて、そのポイントライトの動きを呈示する、いわゆるバイオロジカル・モーションと、ランダムに動くポイントライトの動きを区別できるようになる。すなわち、生物的動きに対して感受性を持つようになるのである。また、自己推進的に動く物体を追視するようにもなる。視線に対しても敏感であり、自分を見ている視線と、どこか他のところを見ている視線を区別する。

社会的随伴性に対して、感受性が増すのもこの時期である。社会的随伴性とは、社会的パートナーが自分の反応に時間的に近接しておこなう応答のことである。マーレイとトリバーセン(6)は、ダブル・ビデオ・パラダイムにより、六週齢から一二週齢の乳児が、随伴性の欠如した母親の映像に困惑することを報告した。乳児は、社会的随伴性への感受性を、三ヶ月齢にすでにもっていることが、このパラダイムを用いたいくつかの研究により、示されている。次は六〜九ヶ月の時期である。この時期になると、乳児は、物体がひとりでに動き出すと驚くが、ヒトが自発的に動き始めても驚かない。このことから、この時期の乳児は、自己推進的な運動から、アニメイト・エージェントを区別していることがわかる。しかしながら、ここでは、自己推進的に動くものは、生物である必要はない。おもちゃの車のように、何らかのメカニカルな仕掛けがあってもいいのである。

九～一二ヶ月の時期には、乳児は、エージェントは目標志向性を持つことを理解し、目的に近づくためのより合理的なあるいは節約的な動きを予測するようになる。いわば、「合理性の原則」とでもいうべき特徴を示すのである。すなわち、エージェントの持つゴールと、それに到達するための方法を分けて表象することができるということである。こうした能力は、将来的には、他者の意図を表象する能力へと導かれると考えられている。

一二～一八ヶ月の時期には、たとえ見かけがヒト以外のエージェント、たとえばオランウータンの着ぐるみを身に着けた実験者であっても、他者との相互交渉を観察することで、そのものを、意図を持つエージェントとして捉えるようになる。私が、ヒト型ロボット（ヒューマノイド・ロボット）を使用して、ロボットに相手を見るという行動を付加しただけで、二～三歳児の反応が劇的に変化したことでも明らかである。また、他者の見ているところに自分も視線を向ける、いわゆる追視（gaze following）ができるようになる。さらに、他者の注意の状態に応じて、コミュニカティブな働きかけを変えることができるようになる。他者が目を閉じている場合と、目を開けている場合とで、視線追従の頻度を比べると、明らかに後者の状態でよりよく追従が起こる。目はやはり重要なのである。

一八ヶ月～三歳は、実質的には乳児期の終わりであり、他者理解の基礎となる能力が急速に発達する時期である。話者の意図を読み取ることから語彙獲得も急速に進み、意図を読むことによる模倣もこの時期から確実に始まる（第三章のメルツォフの実験を参照）。また、「ふり」も理解できるようになる。共同注意に関しては、自分の視野内にないターゲットに対しても、他者の視線を追従することができるようになる。つまり、自分が直接には見えないところにも、他者が視線を向けた場合には、そこにあるものを表象できるようになる。これは、バターワースが共同注意の発達段階における表象的メカニズムとして示したことであり、真の共同注意ができるようになるということである。

次は三〜五歳である。日常的な観察によると、三歳以前から、幼児は、心的状態を表わすことばを使用するようになるという。三歳は、知る、考える、推測するということの違いを理解し始める原初的な時期である。写真が両側に印刷されている場合は、相手が見えているものと、自分の見えているものが違っていることを指摘できる。すなわち、「見る—知る（seeing-knowing）」の関係に気づき始める。この時期は、当然ながら誤信念課題の成功へと近づく段階である。誤信念課題のマクシ課題で、指さしでは間違った解答をするにもかかわらず、視線を指標とすると正しく答えられる子どもがいることも報告されている。

五歳以降の時期では、九〇％近くの子どもたちが、誤信念課題を通過できるようになる。これで、一応「心の理論」の成立へ到達したわけであるが、他者の心の理解は、これで終わるわけではない。心の理論研究の隆盛により、社会的認知の発達では、何となく誤信念課題にパスすることがゴールであるような観があるが、私たちの社会的な発達はさらに続く。たとえば、二次的な心の理論ということも言われているし、さらにより複雑で高次な嘘の理解（他者のためにつく嘘など）、比喩の理解、皮肉の理解などは、心の理論の成立後にみられることである。

以上、誕生直後に始まる社会的認知から五歳以降に成立する心の理論へのプロセスをおおまかに記述してきた。しかし、これらはすべて横断的なデータからの推測であり、確かな発達の経路を記述するには、非常な困難を伴う。ここで羅列的に挙げられた項目の発達経路を縦断的な研究をおこなうことにより、正確に把握する必要がある。それが今後の大きな課題となる。実際に私が関わっている大きなプロジェクトはこのことを実証しようとしているものである。

2 ディヴェロップメンタル・サイバネティックスの提唱

本書では、子どもが、他者を自分と同じような「心」を持つ存在として、認識するようになる過程を、数多くの先行研究を紹介しながら論じてきた。赤ちゃんの発達からヒト以外の霊長類の社会的認知、特に他者の視線理解の問題、そしてロボットを用いた乳幼児の社会的認知実験、ヒトの見かけと動作の問題を考える不気味の谷の問題、などである。現在の私の関心は、ヒトが心を見出していく過程、もっと言ってしまうと、心を他者に創り出していく過程やメカニズムに関心がある。そのために、アニメーション映像や、ヒューマノイドロボット、アンドロイドなどをツールとして、乳幼児がそうした対象をどのように見ているのかについて、またその中に社会性や心をどのように貼り付けていくのかといったことを実験的に分析している。私は、ここで新しい領域として、「ディヴェロップメンタル・サイバネティクス」という新しい研究領域を提唱しようと思う。「サイバネティクス」ということばにはあまり馴染みのない方も多いと思う。ちなみに、『広辞苑』では、「(「舵手」の意のギリシャ語に由来)通信・自動制御などの工学的問題から、統計力学、神経系統や脳の生理作用までを統一的に処理する理論の体系。一九四七年頃アメリカの数学者ウィーナーの提唱に始まる学問分野。」と定義されている。私の考える「ディヴェロップメンタル・サイバネティクス」の定義は、「子どもとロボット(ヒューマノイドロボットやアンドロイドロボット)のインタラクションや統合に関する研究」である。ここには二つの大きな意味が含まれている。一つは、そうしたロボットを用いることによって、まさに本書のタイトルにもなっているように、ロボットの外見や振る舞いのパラメータを操作することによって、心を見つけていくプロセスとメカニズムの特定することである。もう一つは、近年のロボット工学の発展に伴い、ロボットという存在がかなり身近になってきたということである。ペットロボットもブームになったし、二足歩行ロボットは、私たちを大いに感動させた。また、いたるところでロボットの展示会がおこなわれ、老若男女で賑わっている。二〇〇五年の愛知万博でもロボットは展示の大きな目玉だったと聞いている。二一世紀は、さまざまなタイプのロボットが日常的に存在するようになるだろう。今はやりのユビキタスである。そうしたことを考えると、ロボットは、冷蔵庫や食器洗い機のように、今後ますます私たちの生活に入り込んで来るであろうことは想像に難くない。もっと夢物語のようなことを言うと、ロボットは、単に家事をこなす単純な存在だけでなく、子育てや教育に関わるような存在、すなわちそれ自体とコミュニケーションを取らなければならないような存在になるかもしれない。それがいいことか悪いことか、私にはまだ判断がつかないが、否が応でも子どもたちはそうした環境にさらされていく。そのときに、子どもたちはそうした対象をどのように認識するのか、子どもたちにとってより良いロボットを製作するにはどのようなことが必要なのか、といったことはきわめて重要な課題となる。そんな時代が本当に来る前に、子どもたちのために確認しなければならないことがたくさんあるのである。科学は未来を見据えて遂行されなければならない。ディヴェロップメンタル・サイバネティクスは、そんな新しい学問領域になると信じている。

引用文献

(1) Karrel, J. H., Karrel, R., Bloom, D., Chaney, L., & Davis, R. (1998). Event-related brain potentials during an extended visual recognition memory task depict delayed development of cerebral inhibitory processes among 6-month-old infants with Down syndrome. *International Journal of Psychophysiology*, 29, 167–200.

(2) Pena, M., Maki, A., Kovaic, D., Dehaene-Lambertz, G., Koizumi, H., Bouquet, F., & Mehler, J. (2003). Sounds and silence : An optical topography study of language recognition at birth, *PNAS*, 100, 11702–11705.

(3) Johnson & Morton (1991).*Biology and cognitive Developiment : The case of Face Recognition*. Oxford, England : Blackwell.

(4) Bushnell, I. W. R., Sai, F., & Mullin, J. (1989). Neonatal recognition of the mother's face. *British Journal of Developmental Psychology* 7, 3–15.

(5) Meltzoff, A. N., & Moore, M. K. (1983). Newborn Infants Imitate Adult Facial Gestures. *Child Development*, 54 (3), 702–709.

(6) Murray, L., & Trevarthen, C. (1985). Emotional regulation of interactions between two-. month-olds and their mothers. In T. M. Field & N. A. Fox (Eds.), *Social Perception in Infants* (pp. 177–197). Norwood, NJ : Ablex Publishing Corporation.

(7) Nadel, J. (1999). Early interpersonal timing and the perception of social contingencies. In P. Rochat (Ed.), *Early Social Cognition*. Mahwah, NJ : Elrbaum.

(8) Okanda, M., & Itakura, S. (in press). Children in Asian cultures Say Yes to Yes-No question : Common and Cultural differences between Vietnamese and Japanese Children. *International Journal of Developmental Psychology*.

(9) Premack, D., & Woodruff, G. (1978). Chimpanzee problem-solving : a test for comprehension. Science, 202 (4367), 532–535.

(10) 子安増生 (1999)『幼児期の他者理解の発達』 京都大学学術出版会。

(11) Wimmer, H., & Perner, J. (1983). Beliefs about beliefs : Representation and constrainingfunction of wrong beliefs in young children's understanding of deception. *Cognition*, 13, 41–68.

(12) Perner, J. (1991). *Understanding the Representational Mind*. The MIT Press.

(13) Csibra, G., Biro, S., Koos, O., & Gergely, G. (2003). One-year-old infants use teleological representations of actions productively. *Cognitive*

Science, 27(1), 111–113.

(14) Gergely, G., Knadasdy, Z., Cisbra, G., & Biro, S. (1995). Taking the intentional stance at 12 months of age. *Cognition*, 56 (165–193).

(15) Gergely, G., & Csibra, G. (2003). Teleological reasoning in infancy : the na? ?ve theory of rational action. *TRENDS in Cognitive Sciences*, 7 (7), 287

(16) Kuhlmeier, V., Wynn, K., & Bloom, P. (2003). Attribution of dispositional states by 12-month-olds. *Psychological Science*, 14, 402–408.

(17) 辻晶子（2003）「乳児の意図理解」平成15年度京都大学文学部卒業論文。

(18) 辻晶子・板倉昭二（2003）「アニメーションにおける乳児の意図理解」平成15年度情報処理学会関西支部　支部大会　講演論文集、二二七－二二八。

(19) Woodward, A. L. (1998). Infants selectively encode the goal object of an actor's reach. Cognition, 69, 1–34.

(20) Butterworth, G., & Jarrett, N. (1991). What minds have in common is space : spatial mechanisms serving joint visual attention in infancy. *British Journal of Developmental Psychology*, 9, 55–72.

(21) Johnson, S. C., Slaughter, V. & Carely, S. (1998). Whose gaze will infants follow ? Features that elicit gaze-following in 12-month-olds. *Developmental Science*, 1, 233–238.

(22) Arita, A., Hiraki, K., Kanda, T., Ishiguro, H. (2005) Can we talk to robots ? Ten-month-old infants expected interactive humanoid robots to be talked to by persons. *Cognition*, 95 (3) : B49–B57..

(23) Legersitee, M., Di Adamo, C. & Bama, J. (2000). Precursors to the development of intention : Understanding people and their actions at 6-months. *Developmental Psychology*, 36, 627–634.

(24) Kamewari, K., Kato, M. Kanda, T., Ishiguro, H., & Hiraki, K. (2005). Six-and-a-Half-Month-Old Children Positively Attribute Goals to Human Action and to Humanoid-Robot Motion. *Cognitive Development*, 20 (2), 303–320.

(25) Gergely, G., Bekkerring, H., & Kiraly, I. (2003). Rational initiation in preverbal infants. *Nature*, 415, 755.

(26) Meltzoff, A. N. (1995). Understanding the intentions of others : reenactment of intended acts by 18-month-old children. *Developmental Psychology*, 31, 838–850.

(27) Johnson, S. C., Booth, A., & O'hearn, K. (2001). Inferring the goals of non–human agents. *Cognitive Development*, 16, 637–656.

(28) MacCarthy, A., Lee, K., Itakura, S., & Muir, D. (in press). Cultural display rules drive eye gaze during thinking. *Journal of Cross Cultural Psychology.*

(29) Shimada, M. Minato, T., Itakura, S. & Ishiguro, H. (2006). Evaluation of android using unconscious cognition. *Proceedings of the 2006 6th IEEE-RAS International Conference on Humanoid Robots*, 157–162.

(30) Noma, M., Saiwaki, N., Itakura, S., & Ishiguro, H. (2006). Compositon and evaluation of the humanlike motions of an android. *Proceedings of the 2006 6th IEEE-RAS International Conference on Humanoid Robots*, 163–168.

(31) DeLoache, J. S. (1995). Early symbolic understanding and use. In D. Medin (Ed.), *The Psychology of Learning and Motivation*, 33, New York : Academic Press.

(32) 浅水優子（2001）「スケールモデル課題における幼児のシンボル理解について」京都大学文学部卒業論文。

(33) Gibson, J. J. (1975). *The Ecological Approach to Visual Perception.* Boston : Houghton Mifflin.

(34) DeLoache, J. S. (2004). Becoming symbol-minded. *Trends in Cognitive Sciences*, 8 (2).

(35) Poss, S. & Rochat, P. (2004). Referential understanding in videos in chimpanzees (*Pan troglodytes*), orangutan (*Pongo pygmaeus*), and children (*Homo sapiens*). *Journal of Comparative Psychology*, 117, 420–428.

(36) 竹下秀子・板倉昭二（2003）「ヒトの赤ちゃんを生みだしたもの、ヒトの赤ちゃんが生みだすもの」『ベビーサイエンス』二：二〇－三〇。

(37) Bjorklund, D. F., & Pellegrini, A. D. (2002). *The Origins of Human Nature : Evolutionary Developmental Psychology.* Washington, DC : American Psychological Association.

(38) 藤田和生（1998）『比較認知科学への招待』ナカニシヤ出版。

(39) 板倉昭二（1999）『自己の起源――比較認知科学からのアプローチ』金子書房。

(40) 竹下秀子（1999）『心とことばの初期発達――霊長類の比較行動発達学』東京大学出版会。

(41) Kobayashi, H., & Koshima, S. (1997). Unique morphology of the human eye. *Nature*, 387, 767–768.

(42) Kobayashi, H., & Koshima, S. (2001). Evolution of the human eye as a device of communication. In T. Matsuzawa (Ed.), *Primate Origins of Human Cognition and Behavior.* Springer-Verlag Tokyo, pp. 383–401.

(43) Baron-Cohen, S. (1994). Recognition of mental state terms. Clinical findings in children with autism and a functional neuroimaging study of

normal adults. *The British Journal of Psychiatry*, 165, 640–649.

(44) Perrett, D., & Emery, N. (1994). Understanding the intentions of others from visual signals : Neurophysiological evidence. *Current Psychology of Cognition*, 13, 683–694.

(45) Emery, N. J. (2000). The eyes have it : the neuroethology, function, and evolution of social gaze. *Neuroscience and Biobehavioral Reviews*, 24, 581–604.

(46) Muir, D. & Hains, S. (1999). Young infants' perception of adult intentionality and eye direction. In P. Rochat (Ed.), *Early Social Cognition*. Mahwah, NJ : Elrbaum.

(47) Scafe, M. & Bruner, J. S. (1975). The capacity for joint visual attentionin the infants. *Nature*, 253, 265–266.

(48) Itakura, S., & Anderson, J. R. (1996). Learning to use experimenter-given cues during an object-choice task by a capuchin monkey. *Current Psychology of Cognition*, 15, 103–112.

(49) Povinelli, D. J., & Eddy, T. J. (1996). Chimpanzees : joint visual Attention. *Psychological Science*, 7, 129–135.

(50) Tomasello, M., Hare, B., & Agnetta, B. (1999). Chimpanzees, Pan troglodytes, follow gaze direction geometrically. *Animal Behaviour*, 58, 769–777.

(51) Anderson, J. R. , Salaberry, P., & Barbier, H. (1995). Use of experimenter-given cues during object-choice tasks by capuchin monkeys. *Animal Behaviour*, 49, 201–208.

(52) Anderson, J. R., Montant, M., & Shmitt, D. (1996). Rhesus monkeys fail to gaze direction as an experimenter-given cue in an object-choice tasks. *Behavioural Processes*, 37, 47–55.

(53) Itakura, S., & Tanaka, M. (1998). Use of experimenter-given cues during object choice tasks by chimpanzees (*Pan troglodytes*), an orangutan (*Pongo pygmaeus*), and human infants (*Homo sapiens*). *Journal of Comparative Psychology*, 120, 119–126.

(54) Itakura, S., Agnetta, B., Hare, B., & Tomasello, M. (1999). Chimpanzee use human and conspecific social cues to locate hidden food. *Developmental Science*, 2, 448–456.

(55) Inoue, Y., Inoue, E., & Itakura, S. (in press). Use of experimenter-given directional cues by a young white-handed gibbon (*Hylobates lar*). *Japanese Psychological Research*.

(56) Emery, N. J., Lorincz, E. N., Perrett, D. I., Oram, M. W., & Baker, C. I. (1997). Gaze following and joint attention in rhesus monkeys (*Macaca mulatta*). *Journal of Comparative psychology*, 111 (286–293).

(57) Anderson, J. R. & Mitchell, R. W. 1999 Macaques, but not lemurs co-orient visually with humans. *Folia Primatologica*, 70, 17–22.

(58) Posner, M. I. (1980). Orienting of attention. *QJ Exp Psycho*, 32 (1), 3–25.

(59) 千住淳・長谷川壽一（2001）「視線は注意について何を語るか：視線による受動的な定位反応」『基礎心理学研究』二〇：三三－三四。

(60) Driver, J., Davis, G., Ricciardelli, P., Kidd, P., Maxwell, E., & Baron-Cohen, S. (1999). Gaze perception triggers reflexive visuospatial orienting. *Visual Cognition*, 6 (5), 509–540.

(61) Friesen, C. K., & Kingston, A. (1998). The eyes have it ! Reflexive orienting is triggered by nonpredictive gaze. *Psychonomic Bulletin and Review*, 5, 490–495.

(62) Hood, B. M., Willen, J. D., & Driver, J. (1998) Adult's eyes trigger shifts of visual attention in human infants. *Psychological Science.* 9, 2 (131–134).

(63) Itakura, S. (2001). Attention to repeated events in human infants (*Homo sapiens*) : Effects of joint visual attention versus stimulus change. *Animal Cognition*, 4 (3–4), 281–284.

(64) Senju, A., Tojo, Y., Dairoku, H., & Hsegawa, T. (2003). Reflexive orienting in response to eye gaze and an arrow in children with and without autism. *Journal of Child Psychology and Psychiatry*, 44, 1–14.

(65) Leekam, S., Baron-Cohen, S., Perrett, D., Milders, M., & Brown, S. (1997). Eye-direction detection : A dissociation between geometric and joint attention skills in Autism. *British Journal of Developmental Psychology*, 15, 77–95.

(66) 神代真里・板倉昭二・鵜殿俊史（2001）「チンパンジーにおける visual attention following の予備的報告」Paper presented at the 日本発達心理学会第11回大会。

(67) Fagot, J., & Deruelle, C. (2002). Perception of pictorial eye-gaze by baboons (*Papio papio*). *Journal of Experimental Psychology : Animal Behavioral Processes.*

(68) Tomonaga, M. (2007). Is chimpanzee (*Pan troglodytes*) spatial aHention reflexively triggered by the gaze? *Journal of Comparative Psychology*, 121, 156–170.

(69) Povinelli, D. J., Nelson, K. E., & Boysen, S. T. (1990). Inferences about guessing and knowing by chimpanzees (*Pan troglodytes*). *Journal of Comparative Psychology*, 104, 203–210.

(70) Povinelli, D. J., Parks, K. A., & Novak, M. A. (1991). Do rhesus monkeys (*Macaca mulatta*) attribute knowledge and ignorance to others? *Journal of Comparative Psychology*, 105(4), 318–325.

(71) Povinelli, D. J., & deBlois, S. (1992). Young children's (*Homo sapiens*) understanding of knowledge formation in themselves and others. *Journal of Comparative Psychology*, 106, 228–238.

(72) Hare, B., Call, J., Agnetta, B., & Tomasello, M. (2000). Chimpanzees know what conspecifics do and do not see. *Animal Behaviour*, 59, 771–785.

(73) Hirata, S., & Matsuzawa, T. (2001). Tactics to obtain a hidden food item in chimpanzee pairs (*Pan troglodytes*). *Animal Cognition*, 4, 285–295.

(74) Povinellia, D. J., Dunphy-Leliia, S., Reauxa, J. E., & Mazza, M. P. (2002). Psychological Diversity in Chimpanzees and Humans: New Longitudinal Assessments of Chimpanzees' Understanding of Attention. *Brain, Behavior and Evolution*, 59, 33–53.

(75) Tomasello, T. M., Call, J., & Hare, B. (2003). Chimpanzees understand psychological states—the question is which ones and to what extent. *Trends in Cognitive Sciences*, 7(4), 153–156.

(76) Povinelli, D. J., & Vonk, J. (2003). Chimpanzee minds: suspiciously human? *Trends in Cognitive Sciences*, 7(4), 157–160.

(77) Kumashiro, M., Ishibashi, H., Itakura, S., & Iriki, A. (2002). Bidirectional communication between a Japanese monkey and a human through eye gaze and pointing. *Current Psychology of Cognition*, 21, 3–32.

(78) Povinelli, D., & Eddy, T. (1996b). Factors influencing young chimpanzees' (*Pan troglodytes*) recognition of attention. *Journal of Comparative Psychology*, 110(4), 336–345.

(79) DeCasper, A. J., LeCanuet, J. P., Bushnell, M. C., Granier,- Deferre, C., (1994). Fetal reactions to recurrent maternal speech. *Infant Behavior and Development*, 17, 159–64.

(80) Kisilevsky, B. S., Hains, S. M. J., Lee, K., Xie, X., Huang, H., Ye, H. H., Zhang, K., & Wang, Z. (2003). Effects of experience on fetal voice recognition. *Psychological Science*, 14, 220–224.

読書案内

〈赤ちゃん〉

アリソン・ゴプニック、アンドルー・N. メルツォフ、パトリシア・K・カール（1999）（榊原洋一監修　峰浦厚子訳（2003）『0歳児の能力はここまで伸びる』PHP研究所。

ウーシャ・ゴスワミ（1998）（岩男卓実・上淵寿・古池若葉・富山尚子・中嶋伸子　訳（2003）『子どもの認知発達』新曜社。

遠藤利彦（2005）『発達心理学の新しい形』誠信書房。

フイリップ・ロシャ（2001）（板倉昭二・開一夫監訳（2004））『乳児の世界』ミネルヴァ書房。

ポール・ブルーム（2004）（春日井晶子訳　長谷川真理子解説（2006）『赤ちゃんはどこまで人間なのか』ランダムハウス講談社。

山口真美（2006）『赤ちゃんは世界をどう見ているのか』平凡社新書。


〈ロボット〉

浅田稔・國吉康夫（2006）『ロボットインテリジェンス』岩波書店。

瀬名秀明（2001）『ロボット21世紀』文春新書。

瀬名秀明・浅田稔・銅谷賢治・谷淳・茂木健一郎・中嶋秀之・石黒浩・國吉康夫・柴田智宏（2004）『認知発達ロボティクスの挑戦』講談社ブルーバックス。

長田正（2005）『ロボットは人間になれるか』PHP新書。

PHP研究所編（2006）『大人のためのロボット学』PHP研究所。

〈比較認知および比較発達〉

デイヴィッド・プレマック&アン・プレマック（2003）（長谷川寿一監修　鈴木光太郎訳（2005）『心の発生と進化』新曜社。

ファン・カルロス・ゴメス（2004）（長谷川真理子訳（2005））『霊長類のこころ』新曜社。

藤田和生（1998）『比較認知科学への招待——「こころ」の進化学』ナカニシヤ出版。

藤田和生（2007）『動物たちのゆたかな心』京都大学学術出版会。

板倉昭二（1999）『自己の起源——比較認知科学からのアプローチ』金子書房。

板倉昭二（2007）『「私」はいつ生まれるか』ちくま新書。

松沢哲郎（1991）『チンパンジーから見た世界』東京大学出版会。

松沢哲郎（2000）『チンパンジーの心』岩波現代文庫。

竹下秀子（1999）『心とことばの初期発達——霊長類の比較行動発達学』東京大学出版会。

竹下秀子（2001）『赤ちゃんの手とまなざし——ことばを生み出す進化の道すじ』岩波科学ライブラリー。


〈その他〉

ベンジャミン・リベット（2004）（下條信輔訳（2005））『マインド・タイム——脳と意識の時間』岩波書店。

あとがき

本書の執筆には苦労した。どうしてだか自分でもまったくわからない。とにかく、他の原稿とも重なり、さらに数々の学会や海外出張もあり、極めつけは、今年二〇〇六年に京都で開催された国際乳児学会であった。僕自身は、特に何をしたということもなかったが、気分的に何だかばたばたしたのは事実だ。私が京都大学に赴任してからまる六年になる。私の赴任当時（二〇〇〇年）京都大学教育学研究科の助手であった橋彌和秀さん（現、九州大学准教授）や大学院生たちとはじめた赤ちゃん研究員の登録ものべ六〇〇人を越えた。「赤ちゃん研究員」という制度の名前は橋彌さんが考案したものである。実はこの名前は、他大学の研究室でも使用されていることがわかった。ここは一つそれらの研究室の先生方と有機的な連携をはかり、赤ちゃん研究推進のために活かしたいと願う次第である。私の研究室も、事務の方や研究補助の方を入れると、一六人になる。赴任当時に比べると三倍以上に膨れ上がった。それとともに、私自身にも大きな責任がのしかかってくる。現在は、研究室の運営に四苦八苦しているのが現状である。もっとじっくりと研究について考える時間が欲しいというのは過ぎた望みなのだろう。そうしたことは努力次第でどうにでもなることもしれないのだから。

本書は、京都大学二一世紀COE「心の働きの研究拠点」の成果の一部としてシリーズで刊行されるものである。このような研究を補助してくれた京都大学心理学連合二一世紀COEと、それを運営するために並々ならぬ努力と忍耐で支えてくれた本プロジェクト代表の藤田和生先生、総務委員の船橋新太郎先生、吉川左紀子先生、河合俊雄先生に感謝したい。京都大学学術出版会の鈴木哲也さんと高垣重和さんには、遅れに遅れて、さらにこれでもかというくらいに遅れて、大変なご迷惑をかけてしまった。それでも、辛抱強く原稿を待っていただいた両氏に、ここでお詫びを申し上げるとともに、深い謝意を表したい。大学院生の嶋田容子さんには、拙稿を丁寧に読んでもらい、誤字・脱字のチェックや修正をしていただいた。ここに記して感謝したい。前書きにも書いたが、現在の私の研究プロジェクトは、ヒト乳幼児、ヒト以外の霊長類、そしてロボットを対象に推進されている。ロボビーやアンドロイドを用いた研究では、ATR知能ロボティクス研究所の神田崇之さん、大阪大学工学研究科石黒浩さん、港隆さん、嶋田倫宏さんに大変お世話になった。心より感謝する。また、暑い日も寒い日も、研究室に足を運んで実験調査に参加してくれた赤ちゃん研究員とお母様方に深謝したい。いつの日か、こうした成果が実際の赤ちゃんの幸せのために役立つことを願っている。

本書は、トロント大学児童研究所の教授である Kang Lee 博士のもとに滞在して、共同研究をおこなっている合間を縫って仕上げたものである。このような場所を提供してくれたKangと私たちの友情に感謝!!

9月末日　初秋のトロントにて

索　引

板倉　昭二(いたくら　しょうじ)

京都大学大学院文学研究科准教授，理学博士，専門は発達科学.

1959 年大分市生まれ．1983 年横浜国立大学教育学部卒業，1989 年京都大学大学院理学研究科（霊長類学専攻）博士後期課程修了．日本学術振興会特別研究員（PD)，大分県立芸術文化短期大学，米国エモリー大学ヤーキース霊長類センター，大分県立看護科学大学等を経て，2000 年 10 月より現職.

【主な著書】

『心のしくみ――現代教養心理学』（学術図書出版社，1992 年)，『自己の起源』（金子書房，1999 年)，『乳児の世界』（共監訳）（ミネルヴァ書房，2004 年)，『「私」はいつ生まれるか』（ちくま新書，2006 年)，*Diversity of Cognition: Evolution, Development, Domestication, and Pathology* (共編著）（Kyoto University Press）ほか.

学術選書

心の宇宙⑤
心を発見する心の発達
学術選書 028

2007年10月10日　初版第1刷発行

著　　者…………板倉 昭二
発 行 人…………加藤 重樹
発 行 所…………京都大学学術出版会
京都市左京区吉田河原町 15-9
京大会館内（〒 606-8305）
電話（075）761-6182
FAX（075）761-6190
振替 01000-8-64677
URL http://www.kyoto-up.or.jp

印刷・製本…………㈱太洋社

装　　幀…………鷺草デザイン事務所

ISBN978-4-87698-828-0
定価はカバーに表示してあります

学術選書［既刊一覧］

＊サブシリーズ 「心の宇宙」→ 心　「諸文明の起源」→ 諸
「宇宙と物質の神秘に迫る」→ 宇

001 土とは何だろうか？ 久馬一剛
002 子どもの脳を育てる栄養学 中川八郎・葛西奈津子
003 前頭葉の謎を解く 船橋新太郎 心1
004 古代マヤ 石器の都市文明 青山和夫 諸11
005 コミュニティのグループ・ダイナミックス 杉万俊夫 編著
006 古代アンデス 権力の考古学 関 雄二 諸12
007 見えないもので宇宙を観る 小山勝二ほか 編著 宇1
008 地域研究から自分学へ 高谷好一
009 ヴァイキング時代 角谷英則 諸9
010 GADV仮説 生命起源を問い直す 池原健二
011 ヒト 家をつくるサル 榎本知郎
012 古代エジプト 文明社会の形成 高宮いづみ 諸2
013 心理臨床学のコア 山中康裕 心3
014 古代中国 天命と青銅器 小南一郎 諸5
015 恋愛の誕生 12世紀フランス文学散歩 水野 尚
016 古代ギリシア 地中海への展開 周藤芳幸 諸7
017 素粒子の世界を拓く 湯川・朝永生誕百年企画委員会編集／佐藤文隆 監修
018 紙とパルプの科学 山内龍男
019 量子の世界 川合・佐々木・前野ほか編著 宇2
020 乗っ取られた聖書 秦 剛平
021 熱帯林の恵み 渡辺弘之
022 動物たちのゆたかな心 藤田和生 心4
023 シーア派イスラーム 神話と歴史 嶋本隆光
024 旅の地中海 古典文学周航 丹下和彦
025 古代日本 国家形成の考古学 菱田哲郎 諸14
026 人間性はどこから来たか サル学からのアプローチ 西田利貞
027 生物の多様性ってなんだろう？ 生命のジグソーパズル 京都大学総合博物館 京都大学生態学研究センター編
028 心を発見する心の発達 板倉昭二 心5